Emil Nolde

Reisen · Ächtung · Befreiung

Ada und Emil Nolde im Garten Seebüll, 1945

REISEN · ÄCHTUNG BEFREIUNG

1919–1946

von

Emil Nolde

DuMont Buchverlag Köln

Herausgegeben von der Stiftung Seebüll Ada und Emil Nolde

1. Auflage, Köln 1967
2. Auflage, Köln 1972
3. Auflage, Köln 1978
4. Auflage, Köln 1988
5. Auflage, Köln 1994

Druck: Rasch, Bramsche
Buchbinderische Verarbeitung: Bramscher Buchbinder Betriebe, Bramsche

Printed in Germany ISBN 3-7701-0418-8

Inhalt

Vorwort

Das eine kleine Lebensbuch reiht sich, fast ungewollt, zum anderen, von der Kindheit an bis ins reife Alter.

Bei diesem vierten Buch ist die erste Hälfte 1936 geschrieben, die weiteren Abschnitte haben sich, wie schwere Tropfen fallend, nach und nach hinzugefügt.

Utenwarf

Der Garten auf Utenwarf, in seiner der Sonne schräg zugewandten Lage die Warft hinab, war besonders schön zugewachsen und selten blumenreich. Die leuchtendroten Rosen lagen in Wellen den Südhang hinunter, und oberhalb um den schmalen Teich, der ganz voller Fische war, blühten alle schönsten Stauden. Er war eine Sehenswürdigkeit geworden. „Ein kleines Paradies", sagte man. Ein ganz kleines Paradies! Aber die Einbildung, daß in der Marsch keine Blumen wachsen können, war widerlegt. Die Menschen von Mögeltondern und sonstwoher pilgerten hinunter und gingen still auf dem Sommerdeich am Garten vorbei, stehend, schauend.

Und wohl auch im gesamten Land um uns wurde manchem der Sinn geweckt. Wie war es schön, wenn am Abend der weiße, dichte Nebel sich über die Felder legte, und von den Rindern und Pferden nur die Rücken wie Striche sichtbar waren, und wenn er höher stieg, dann lagen nur die Firste der Höfe und die höchsten Bäume sichtbar über dem Nebel, wie zum Himmel hinangehoben. – Es standen bei uns einige wenige Male fremde zugereiste Bekannte vor diesem Wunder trunken versunken, denn solches hatten sie nie gesehen.

Es gibt Menschen, welche absolut nicht verstehen können, daß wir, die es wohl auch anders haben könnten, in dieser flachen, „langweiligen" Gegend wohnen mochten, wo es keinen Wald gibt und keine Hügel oder Berge, und wo nicht einmal an den Ufern der kleinen Wasser Bäume sind. So denken wohl alle üblichen, schnell durchfahrenden Reisenden. – Unsere Landschaft ist bescheiden, allem Berauschenden, Üppigen fern, das wissen wir, aber sie gibt dem intimen Beobachter für seine Liebe zu ihr unendlich viel an stiller, inniger Schönheit, an herber Größe und auch an stürmisch wildem Leben.

So wie der Blumengarten auf Utenwarf aus einem Nichts entstanden war, so auch hatten wir den verfallenden alten Bau mit viel Arbeit und Liebe zu einem seltsam schönen Heim verwandelt. Aber nur wenige in unserer Nähe wußten und sahen dies: Agathe Sönnichsen, die Schwestern Schäfer und der dichterisch empfindende Gärtner Christensen.

Etwas später spülte die dänische Welle ein junges Lehrerpaar, das Kunst liebte und suchte, nach Tondern. Doch bald sich trennend, zog er zu den Malern nach Bornholm. Sie, ihre kleinen, schönen Lieder singend, war uns auch entschwunden.

Die Nachbarstochter Lisbeth hatte inzwischen ihren Freund Cornelius Paulsen geheiratet. Als dann auch die Schwester Misse ihre Hochzeit feierte, waren wir mit dabei. Im Krug in Mögeltondern feierten wir, groß und klein, alt und jung, und wir sangen und tanzten den fröhlichen Reigen, wo Mädchen und Burschen ihre Liebsten verstoßen und winken, winken und verstoßen: „Go von mi, go von mi, ick mag di net sehn, komm to mi, komm to mi, ick bin so alleen!" – Trinkend, plaudernd saßen wir nachher der Zeit gedenkend, als der junge Boy Petersen mit dem fröhlichen Knallen seiner Peitsche seine angeschwärmte Geliebte freite und holte. Nun schon waren ihre beiden Töchter weggegeben. Und nicht lange danach glitt ein schwerer dunkler Schatten über die kleine Nachbarfamilie auf dem Alten Deich. Boy Petersen fiel hin – ein Herzschlag beendete sein Leben.

Es verging der Sommer. Wieder kam der Herbst. Ich lag öfters im Jagdboot draußen auf den überschwemmten Wiesen und im Schilf der Wiedau, die Wildenten aus den Fjords und den nordischen Meeren waren gekommen. Als ich eines Abends fünf erjagte Enten brachte – dies war meine höchste Zahl –, war ich stolz, fast eingebildet. Ich war Maler und kein Jäger.

Hallig Hooge

Sehen wir schauend empor: Tausende Engel jubilieren im Seligsein, schauen wir nach unten, die dunklen Mächte und alle Dämonen grinsen, kreischen, knirschen.

Das Kriegsende hatte einem wieder die Freiheit des Reisens gegeben und auch ein orientierendes Verlangen nach Freunden und Bekannten.

Wir reisten nach Dänemark, die lang unterbrochenen Besuche der Familie wieder aufnehmend.

Erstaunt und beglückt sahen wir das schöne Land im tiefen Frieden mit seinen vielen Meeresküsten, seinen Seen, seinen wohlgepflegten Bauerngehöften, seinen Gutshöfen und den vielen besonders schönen Schlössern. Uns war der sichtbare Wohlstand wie ein erhebendes Glück nach den vier bösen Kriegsjahren.

Die Geschwister meiner Ada, in Kjellerup, in Kolding und Kopenhagen wohnend, waren im Leben und Denken durch die Kriegszeit uns fast entfremdet worden. Das Wiedersehen war schön. Doch waren wir sehr erstaunt, den Einfluß des Krieges überall spüren zu müssen. Es ist entsetzlich zu wissen, daß die Greuelmeldungen und Kriegslügen das unanständigste und zugleich das wirksamste Kampfmittel waren, das Mittel, das alle Sympathien Deutschlands in der Welt vernichtete.

Die Menschheit war vergiftet.

Beim gemütlichen Zusammensein – wir hatten im Wandel und dem Ernst der Zeit es fast vergessen, daß es noch so etwas gibt – ereiferte sich ein eingeladener Herr in Anwürfen gegen Deutschland. Meine Erwiderung war ernst, hatten wir doch alles Bittere, die hungernde Not und den heldenhaften Kampf gegen die sechsfache Übermacht miterlebt und miterlitten, und hier beklagten sich die Menschen über lächerliche Kleinigkeiten: daß Kaffee, Liköre und dergleichen weniger gut seien als in früheren Friedenszeiten.

Das Malen war mein besseres Sein, ich malte wieder. Ich malte Bildchen nach Kindern und den schönen Schwägerinnen und auch nach dem Zaubermädchen, der Märchenerzählerin.

Dann bemühten wir uns noch um eine Reise nach Island und Grönland. Wir hätten so gern unseren Horizont auch nach dieser Richtung hin erweitert, die Gegensätzlichkeit von Menschen und Tieren, von Himmel und Wolken, dem Klima und der Landschaft erfahren. Und die Stätten auf Island interessierten uns, wo Snorre Sturlason gelebt hatte und wo die frühen Things und Gerichte gehalten wurden. Es wollte nicht gelingen. Unsere Reiselust und das Verlangen nach fremder Erfahrung und geistig künstlerischen Taten mußte sich beruhigen.

Wir wurden bescheiden.

Unsere Einladungen nach dem Himalajagebiet mit allen Freuden und Hoffnungen und ebenfalls nach Togo in Afrika waren leider auch beide verfallen, als Folgen vom Krieg, – dem verlorenen Krieg.

Eine kleine Reise nach der Hallig Hooge mußte die Grönlandfahrt und auch alles andere ersetzen.

Sie wurde mir bedeutungsvoll.

Schon immer lagen mir die Inseln vor unserer schleswigschen Westküste mit ihren Geschlechtern der Seefahrer und Walfischfänger als etwas Besonderes und Herrliches im Bewußtsein. Ich liebte die kleinen dazwischen liegenden Halligen, den atmenden Wechsel von Ebbe und Flut und das Wattenmeer mit dem Lauf seiner Priele, den Neuland bildenden Anschlickungsmöglichkeiten und auch die Geschichte der verschlammten Ruinen von Rungholt und all der anderen von Sturmfluten zerstörten Dörfer und Gehöfte.

Amrum, die im Bogen vorgelagerte Insel, hatte ich früher in einer St. Galler Ferienzeit schon kennengelernt, als die vielen Badegäste noch kaum etwas von ihr wußten. Ich zeichnete damals mit hartem Stift auf glattem Papier die Dünen mit ihren Strandhalmen, so daß man diese zählen möchte, auch um die kleinen, reetgedeckten, vom Wind rundgeschliffenen Häuser mühte ich mich. Kleine Blättchen wurden dies mit der Nettigkeit, wie sie Dilettantenzeichnungen so oft haben.

Diesmal ging es nach der Insel Föhr, wo meine Frau im Hause Gmelin wohnen blieb, ich segelte während der Osterwochen nach der Hallig Hooge.

Es waren bei der Kälte noch keine Fremden dort.

Mit meinen Wasserfarben und den Papieren hantierte ich tagsüber, eifrig im Freien malend, die alte Mühle, die Halligkinder und die sich schlängelnden Priele mit ihren schwankenden Brücken. Während der Stille der Nächte, wenn nur das Rauschen des Meeres hörbar war, entstanden viele und ganz merkwürdige kleine Skizzen und Blätter in magischer Phantastik, den Maler selbst überraschend. Die merkwürdigsten Wesen mit ihren Tollheiten belebten seine Stube und sie gingen mit ihm auf seinen Halliggängen, ihn fast sichtbar umschwirrend. Wenige nur wiesen zurück auf schon Gestaltetes, alle, fast alle waren neue Einstellung und forderten neue Bezeichnungen. Ich brauchte sie niemandem zu zeigen, wie auch hätte ich dies können.

In den Kulturen der Völker zeigt sich von Anbeginn und dauernd ein Verlangen nach Übersinnlichem, im Gottbegriff seine höchste Höhe suchend. Neben der hohen Gottheit gibt es jeweils kleinere Halbgötter und mancherlei sonstige Wesen. Bei den Griechen waren es Bacchanten und Faune, Tritonen und Nereiden, Furien und Amazonen, Undinen und Sylphen und manche mehr, in der nordisch germanischen Zeit kamen die Walküren und Elfen, die Riesen und Zwerge, und in der germanisch christlichen Zeit wurden es Teufel und Engel, Zauberer und Hexen und alle die Figuren der Sagen- und Märchenwelt, grausig, drollig und lustig, böse, gut und lieb – eine köstliche, seltsam reiche Wunderwelt. In Wirklichkeit existieren von diesen übersinnlichen halbgöttlichen vielen Wesen auf unserer Erde keine, aber es ist uns Menschen gegeben, sie schöpferisch und sinnbildlich zu gestalten. Dichter, Musiker und bildende Künstler leben gern jenseits der trockenen tagtäglichen Welt, und wenn es jemandem gelingt, sich eine seltsame, seine Welt zu gestalten, soll dies ein abwegiges Vergehen sein, wenn auch in Mythen, Sagen, Fabeln oder Märchen nichts von dieser zu finden ist? – Gegen alles bisher Nichtgewesene wehrt sich der Alleswissende, der weniger wissende Naturmensch jedoch und das Volk in Stadt und Land gehen unbeschwert und freudig mit, und die Kinder alle jubeln laut bei jedem neuen, schönen Märchen.

Sollten die vielen übersinnlichen Wesen der religiösen Glaubenswelt unserer und aller Völker: die der Griechen, der Christen, der Buddhisten und ihre vielfältigen Abzweigungen und Nebenerscheinungen alles menschliche Erfindungen sein? „Meine Religion ist die einzige wirkliche, die alleinige richtige!" – Das ist die Überzeugung der gläubigen Menschen, das Wirkliche aber kann niemand wissen – nur die Toten alle, und die Toten schweigen.

Es ist schön, daß wir Menschen so wenig nur wissen, es ist uns viel Spielraum gegeben zum Glauben, Träumen, Schwärmen und Hoffen. Himmel und Erde sind voller Jubel und Wunder.

Ich stand wieder bei meinen Papieren zeichnend, gestaltend, malend. – Die Töne der Farben flossen kalt und warm. Das Bilden – es ist gar seltsam.

Es ist beglückend, wenn Strich und Form, Charaktere, Bewegungen und Gebärden schöpferisch, wie müssend, sich geben, von den Farben wie Musik gehoben und begleitet.

Höchste Schönheit im Werk entsteht dem Künstler unbewußt, das sinnlich sehende Auge sie schaut, der Verstand braucht Zeit, bis er versteht.

Sollte nicht dem Künstler jede Hilfe und Erleichterung gegeben werden? Doch nein, grade ihn treffen Kritik und böswillige Anwürfe, er wird verspottet, verlacht, bekämpft, verstoßen, und Balken sperren ihm den Weg, den er triebhaft, naturgeboten gehen muß. –

Auf Wiedersehen, Du Meer und Hallig.

Weltferne Vereinsamung kann reichstes Leben enthalten, rauschende Vielfältigkeit zerstreut alle geistige Sammlung.

Leb wohl, Du kleine stolze Insel – dem Westmeer trotzend. Ich trug die Mappe an mich gepreßt voll der geschenkten Geheimnisse, als es über das Watt zurück nach Föhr und dann nach Utenwarf ging. Es entwickelten sich später nach diesen kleinen seltsamen Farbigkeiten größere gemalte Bilder: „Räuberhauptmann", „Teufel und Gelehrter", „Der Schwärmer", „Geiz und der Satan", „Gelehrter und Mädchen", „Seine Ahnen" – es waren alles Bilder, deren Auswirkung nicht in nächster Nähe lag und liegen wird.

Auf Utenwarf in meinem Scheunenatelier war Leben erstanden in vielem Arbeiten.

Kerzentänzerinnen, 1917, Holzschnitt

Aber nicht alle Bilder konnten so ungewöhnliche Bezeichnungen erhalten wie die eben Genannten. Ich malte auch harmlose, einfache Bilder und besonders gern die Stilleben nach den Figuren und Masken meiner geliebten kleinen Sammlung, sie gruppierend und ordnend, oft mit einigen Blumen dabei, in freier, künstlerischer Art.

Schwierige Probleme und Selbsterfundenes, so gut wie ich es vermochte, das war meine besondere Lust.

Auch graphische Blätter arbeitete ich gern während dieser Jahre. Es war eine glückliche, produktive Zeit. Eine Reihe Radierungen entstanden in meiner selbsteigenen Technik:

Der Tierfreund	Gelehrtenstreit
Großbauern	Ballett
Der Tod als Tänzerin	Wikinger

Ungemein stark lebte ich in allen diesen künstlerischen Gestaltungen und brauchte vom übrigen Leben nicht viel. – Auch Holzschnitte ähnlicher Art hatte ich vordem schon geschnitten:

Junges Paar	Familie	Kerzentänzerinnen
Unterhaltung	Tändelei	Ziehende Krieger

und weitere mehr – mit besonderer Spannung und Freude von meiner Frau und mir gedruckt, alles sich anschließend den früh schon entstandenen kleinen Serien der Phantasieradierungen und der Märchenholzschnitte und diese wieder einigen frühen, am Meer entstandenen Bleistiftzeichnungen und schließlich den frühesten Bildchen der dichterisch – personifizierten Alpenberge. Vom Flug jedoch in ideale oder phantastische Höhen erfolgte immer wieder die Senkung zu unserer wirklichen Erde.

Oft waren bei Gemälden die Farben für Bild und Komposition bestimmend, die Farben als Mittel des Malers, genau so wie die Worte dem Dichter und in der Musik die Töne dem Komponisten die Mittel sind.

Farbe ist Kraft. Kraft ist Leben.

Nur starke Harmonien sind gewichtig.

Halliglandschaft, Aquarell

Halligkinder, Aquarell

Spukgestalten, Aquarell 1919

Spiel und Tanz, Aquarell 1919

Tänzerinnen, Aquarell 1919

Alchimisten, Gemälde 1919

Zigeunertänzerin, Aquarell 1921

Zigeunerkinder, Aquarell 1921

Mädchen und Esel, Aquarell 1921

Spanierin, Aquarell 1921

Masken III, Gemälde 1920

Früh schon beschäftigten mich die Farben sehr. Wohl zuerst in den kleinen Blättern der „Farbencharaktere". Später dann suchte ich die Lage von Gesangstimmen in Farben zu geben: Dunkellila, Rostrot, Feuerrot und Graublau waren solche Stimmen.

Das Empfinden bei Tönen, sei es Freude, Jubel, Trauer, Tragik, Traum oder andere seelische Regungen, läßt sich in Farben geben; ja, jedes Bild durch den Wert und Klang seiner Farben kann eine seelische Erregung entfachen bei jedem Menschen, der farbenempfänglich ist. Die meisten Menschen jedoch sind schwachsichtig und manche sind blind – ein jeder prüfe sich.

Vor der Natur waren meistens die vollen, satten Farbenklänge meine Freude. Doch auch zuweilen bewegten mich die zarten und zartesten Vorgänge.

Schön war es während der Knabenzeit, wenn der Südwestwind an Frühlingstagen über das Meer getragen den leichten Hauch uns zuführte, sein lichtes Silberblau über das ganze Land um und über alles legend: „Moorbrennen in Holland", sagten die Bauern dann, schnuppernd den Rauch riechend.

Dann auch wieder eigentümlich sind die Tage mit dem unendlichen Grau, dem schleswigschen Grau: die Wolken grau, der Himmel grau, die Menschen grau und ihrer aller Gemüt, aber „Der Hafer wächst gut an grauen Tagen", sagte einst wie tröstend mein Vater.

Ganz im Spätherbst ist jener Tag so besonders und schön, der Tag, an dem die Bedachung der Häuser und die ganzen Felder in helles seidenes Spinngewebe eingekleidet sind, und die langen, verschnürten weißen Fäden über die flache Ebene schweben, wie leise Gedanken sich anketten am Tier, am Mensch und an jedem Pfahl auf freiem Feld.

Kann ein Maler solchen Zauber ohne Schwächlichkeit und Süße malen? Oder muß er in Demut bekennen „Das kann ich nicht", ebensowenig wie er die brennende Sonne oder die leuchtende Kraft der Blumenfarben wiedergeben kann.

Gar seltsam ist die Kunst in ihrer Entstehung und Wirkung. Die Muse der Kunst ist eine viel umworbene Erscheinung. Weltherrscher baten um ihre Gaben. Die römischen Kaiser buhlten um ihre Gunst: eine Masse kläglicher griechischer Nachahmungen hat sie diesen gegeben. Der große Napoleon flehte, daß seine gewaltigen Kriegstaten verewigt würden: ihm gab sie ganze Wände voll schwülstiger Belanglosigkeiten. Anderen Herrschern jedoch, wie Maximilian dem Ersten und Papst Leo X., spendete sie die herrlichsten Werke Albrecht Dürers und Michelangelos; Philipp dem Zweiten von Spanien mit seinem wüsten Unterkiefer läßt sie, durch Tizian und Velazquez verherrlicht, alle Zeiten überleben. Anders ist ihr Verhältnis zu den Schaffenden. Diese jubeln ihr zu, und dem Wohlgeborenen gibt sie ihr Lächeln, den einfachen Bescheidenen liebt sie und dem Künstler in Lumpen küßt sie tröstend die Stirn.

Wer sieht die Welt wie sie ist? Wer schaut sie als Traum und Bild?

Natur und Kunst sind zweierlei.

Der hohe Geist und Schöpfer aller Welten und Herrlichkeiten, er bildet keine Kunst, aber die Natur gestaltet er in Kraft und Feinheit unendlich wunderbar. Kunst zu bilden ist uns Menschen gegeben. Sie ist unsere bescheidene Tat. Wo schön sie ist, erfüllt sie uns ganz und inniglich, wir lieben sie.

Utenwarf – Berlin

Ohne Tiefst- und Höchstgefühl entsteht keine Kunst.

In weltferner, bescheidener Einsamkeit fühlten wir uns von stillem Glück umwoben. Der laute Kunstbetrieb kümmerte uns nicht, und die Ereignisse der großen Welt lagen uns herrlich fern. Erst spät im Herbst, wenn die Stürme kamen, brachen wir ab und reisten in den Schutz der Großstadtmauern.

Was der Sommer gegeben, der Winter wieder nahm.

Und wieder kam ein Frühling, ein Sommer, arbeitsreich und schön.

Nachdem ich in der frühen St.Galler Zeit eifrig mit Aquarellfarben hantiert hatte, war dieses wieder bis um die Jahre 1908 unterblieben. Dann aber erfolgte in der in Deutschland fast ganz vergessenen Technik mein Vorstoß, und das Malen mit Aquarellfarben ist seitdem mir ein Bedürfnis geblieben. – Ich malte Menschen und Landschaften, Tiere und Blumen und auch die freien Phantasien. Besonders während der Neuguinea-Reise war ich glücklich mit diesem Material, wenn auch es schwer sich gibt in seiner durchsichtig, leuchtenden Schönheit und Kraft.

Von der intimen, aber etwas kleinlich tiftelnden Art meiner frühesten Aquarelle arbeitete ich in unendlichem Mühen mich durch zu der freieren, breiteren und flüssigen Darstellung, die ein besonderes, gründliches Verstehen und Eingehen auf Struktur und Art der Papiere und die Möglichkeiten der Farben erfordert, aber vor allem wohl doch die Fähigkeit der sinnlichen Einstellung des Auges.

1921.
Ich malte die „Rezensenten", sechs der Herren, die mir feindlich waren, mit ihren Augengläsern und ihrer gekräuselten Stirne. Auf Goldgrund malte ich sie, gegensätzlich zu unserem vielen gewesenen Leid und den Entbehrungen.

Und wilde Tiere malte ich, so wie sie in der menschlichen Gefangenschaft und auch in der Wildnis nicht zu finden sind. Dann malte ich einige größere Gemälde: das dreiteilige „Martyrium", ein grausiges Drama, die Figuren in übersinnlicher und auch verschiedener Größe gestaltend und in die Zeit der Christenverfolgungen zurückgreifend. Dann den „Weihnachtsmorgen" mit fröhlich schwebenden Engeln und, weiter noch zurückgreifend, „Das verlorene Paradies", Adam und Eva, sitzend, zerknirscht und ratlos in die Zukunft starrend, verstoßen und leidend, als Urahnen der Menschheit, körperlich in fast überschüssiger Naturkraft. Es mag so richtig sein oder auch nicht, sicherlich aber waren sie – auch biblisch gesehen – keine glatten und salonhaften Schönheiten. Adam und Eva sind unendlich oft gemalt worden, sowohl als darwinsche Halbaffen, wie auch in allen Nuancen zivilisierter menschlicher Typen. Mir lag das denkbar Naturhafteste nahe, Adam als Symbol der Kraft, Eva in ihrer erschreckenden Erkenntnis als sündige Urmutter aller Menschen.

Meistens sind Adam und Eva wohl nur aus Freude am Darstellen eines männlichen und eines nackten weiblichen Körpers gemalt worden.

Ich hatte schon 1910 ein Paradiesbild mit Sonne, Glück und Blumenpracht gemalt, übersteigerte Selbstkritik jedoch ließ mich die beiden Menschen voneinander trennen. Eva blieb lebend, Adam verschwand.

Es war dieses erste Bild mit seinem Sonnenglück so ganz anders empfunden und gewollt als das spätere „Verlorenes Paradies" mit seiner Qual und Tragik.

Qual und Tragik, Bitternis und Leid, das wollen die Menschen nicht gern erleben und auch nicht dargestellt sehen. – Dichter dürfen Dramen und Tragödien schreiben. – Ist Malen ein Schwächeres als Dichten?

Wenn, aus der Großstadt kommend, wir auf Utenwarf angelangt waren, dann bald überkam mich das unwiderstehliche Verlangen nach künstlerischem Schaffen. Die Blumen im Garten leuchteten rein und schön mir jubelnd entgegen, und die herrliche Landschaft um uns beschäftigte mich, bis es dann an figürliche Darstellungen ging, oder, dem Fluge zum freiesten Schaffen folgend, in faustische Mystik und Tiefen.

So entstanden die schon genannten Bilder „Weihnachtsmorgen", „Martyrium" und „Verlorenes Paradies", das mittlere Martyriumbild als Geiselung alles Hohlen und Falschen.

Vielleicht nur, weil wir in unserem entlegenen Glück so still dahinlebten, gelang mir das Malen solcher gemütsschweren Bilder. Ob sie nun biblisch-religiös empfunden, ob Legende nur, oder als dramatische Ereignisse höchster Spannungen gemalt wurden, ich weiß nicht, was bestimmend war. Konnte ich sie nicht malen, dann nützten alle schönsten Voraussetzungen nichts, und vermochte ich es, dann vielleicht waren diese belanglos.

Gar oft beschäftigte es mich, wie viel oder wie wenig Themen, Idee oder Titel bedeutungsvoll sind.

Die Inhalte künstlerischer Werke, seien sie der freien Natur, dem Menschenleben, der Geschichte oder Religion entnommen oder freie eigenste Erfindung, sie sind die Harfe, auf dem der Künstler seine Klänge greift, seine Harmonien bildet vom lichten Glücklichen über Harmlosigkeiten bis zur schwersten Tragik.

Vielleicht gibt es Musik ohne Themen? Ohne musikalische Themen sicherlich nicht.

Bildende Kunst oder Dichtung ohne leitende Idee ist lose Phantasterei – ein im Spielen Sichgehenlassen.

Kunst will Bindung – irgendwie.

Kunst will frei sein, will selbst sich binden und selbstherrlich sein.

Der Künstler soll und muß formen und gestalten. Die Wiedergabe der Naturlaute, sei es das Rauschen und Rieseln von Wind und Wasser, das Brüllen der Tiere, das Jubilieren der Vögel oder alles dergleichen, es kann sehr schön sein und doch ist es weder Musik noch Kunst.

In der Musik ist es so – in der Malerei ist es genauso. Sollte nicht ein jeder Malende dies wissen.

Und auch jeder Schauende.

Als früh schon dem Schnitzerlehrling ein Holzblock hingeschoben wurde, er solle ein Wesen mit Engelsflügeln, Frauenbrüsten und Adlerklauen daraus

heraushauen, wie war ich bewegt und glücklich, und leise wuchsen meine Ahnungen zu tragenden Fittichen, in eine nie gesehene, unwirkliche Welt mich hebend; es waren früheste Momente glimmender Funken.
In meinem Erleben war ich nicht allein:

Alle Völker aller Zeiten huldigen mit ihrer Kunst der freien Gestaltung im Märchen, im Tanz, im Kult, im Lied, in den Heldengesängen, in den Chorälen, den Oratorien.

Es gingen die Jahre.

Als Einsiedler in meinem stillen Scheunenraum saß ich umflort von Melancholie, träumend, sinnend mich mahnend: Wozu immer, immer diese seelisch getränkten Bilder malen, diese religiös geprägten Charaktere, diese schwer verständliche Phantastik und Dynamik, fast in jedem Bild? – Lasse ab von Deiner schwerblütigen Art. Habe Freude und leichten Sinn. Male harmlose Bilder, freundliche Landschaften, süße Kinder und schöne Frauen und male viele blühende Blumenbilder, die Sommersonne in die Winterräume hineintragend. Gut gemalt ist dieses Vielen zur Freude.

Kreischend und hoch zogen die Dreiecksflüge der wilden, grauen Gänse über das Haus. Ich nahm die Flinte und ging ins Boot, stakend dem Wind entgegen, eine Ente zu erjagen.

Wieder saß ich in meinem Raum verschwiegen sinnend, vorwärtsahnend, rückwärts schauend.

Begabung erhalten zu haben, ist wunderbar und sei es im Schöpferischen ein winzig Wenig nur. Wäre es mehr, die Menschen würden den Beschenkten, den Besonderen richten und töten.

Wer aber kennt den Fluch der Begabung: die Mißgunst, das Spötteln und Lachen, den Haß, dies sind die äußeren Zeichen, wer kennt die inneren Wallungen, den Kampf der Leidenschaften, das Glühen der Sinne, den Brand im Herzen.

Habe Mut!

Mut ist eine besondere Tugend, auch in der Kunst. Soll nicht zehnmal lieber ein Werk vorbeigehauen sein, als alle in Ängsten geboren werden.

Wohl alle Künstler haben naturgegeben und wie gegensätzlich bedingt neben dem hohen Schönheitsverlangen auch ihre kleinen und oft großen Schwächen.

Aus dunklen Tiefen brechen die Quellen hervor – die befruchtenden.

Dem Schaffenden gebührt Nachsicht.

Er geht, wie müssend, trunken schauend, vorwärts tastend, gewagteste, von niemandem betretene Wege über schwankende Sümpfe hinweg und über Geröllhalden, wo tötender Steinschlag fällt.

Schleswig – Grenzland

Nach Abschluß des Krieges war ... bei uns im schleswigschen Norden eine in Zonen eingeteilte Volksabstimmung beschlossen worden . . .

Es ist ganz eigentümlich und nicht immer schön, in einem Grenzland geboren zu sein, das Für und Wider, hierhin oder dorthin, ist schärfer geprägt als anderswo. Wer mitten in seinem Land geboren ist, ist vieler Wirren und Kämpfe, die einem Grenzbewohner zuteil werden, enthoben . . .

Die Frage, was deutsch ist, was dänisch ist, beschäftigte mich während dieser erregten Zeit.

Die Zerreißung des heimatlichen Schleswig mittendurch schien brutal und traf uns schwer.

Es wurden die Grenzen direkt vor unser Haus und Land gelegt und wir an Dänemark abgetreten.

Schleswig und mehr noch Schleswig-Holstein als mein Geburtsland hatten für mich immer einen besonderen und ehrenden Klang gehabt – ich liebte mein Land und stand ohne Neid oder Zorn nach Norden und Süden schauend.

Dänemark hatte mir eine vielgeliebte Lebensgefährtin gegeben, Deutschland die innige Schönheit seiner Musik und bildenden Künste. Ich kramte, nach Klarheit suchend, in dem spärlich Erhaltenen der Familienvergangenheit.

Die Vorahnen meiner Mutter, seit neun Generationen auf dem elterlichen Bauernhof wohnend, mögen von der Burg und dem Ahnherrn Nis Ebbesen de Nylle und Thöger Nold oder Nolde herstammen. Diese Namen sind in Sagen und Heldengesängen erhalten.

Teufel und Gelehrter, Gemälde 1919

Verlorenes Paradies, Gemälde 1921

Die Ländereien der Dorfschaft Nolde waren um 1612 zuerst in drei Höfe geteilt, nachher wurden es fünf. Auf einem dieser Höfe ist ein Familienbuch erhalten, im Jahre 1685 beginnend, mit Eintragungen aller jeweiligen Besitzer. Aber hauswirtschaftliche Abrechnungen sind es meistens nur und trockene Zahlen und Daten von Geburten und dem Tod, und fast immer in den Worten ausklingend: „Gott verleihe mir ein christlich Leben und seelig Sterben." Alle diese Eintragungen, bis auf eine von Hans Jürgen Petersen, gest. 1885 – den ich persönlich noch kannte –, sind in deutscher Sprache geschrieben; demnach haben alle diese einfachen Bauern seit den mehr als zweieinhalb Jahrhunderten lesen und schreiben können, und ihre Schriftsprache war deutsch, die Umgangssprache wird dänisch gewesen sein.

Mit den drei Schwestern Lena, Ellen und Christine begann anscheinend in unserem Geschlecht ein über das alltäglich Materielle hinausgehender, etwas gehobener Flug. Christine, meine Mutter, stand licht und gefestigt neben meinem Vater, und sie war stolz und stark in ihrem Denken und Streben nach Lebensschönheit. Ich habe aber nie erfahren, ob ihre Vorfahren sich dänisch oder deutsch fühlten. Sie waren wohl Schleswiger nur, ganz unpolitisch und sicher wußten sie gar nicht, was das Fremdwort „Politik" bedeutet.

Auch mein Vater mit seinem reinen, klaren Sinn und Verstand war, in seiner Zeit lebend, unpolitisch und konnte nur deutsch schreiben. Er schrieb ein seltsames Deutsch, das für die Zeit und die friesisch-westschleswigsche Gegend typisch gewesen sein mag. Er war Friese und die Friesen bis nach Holland hin bekennen sich als deutscher Stamm.

Ich selbst bin in der deutsch-schleswigschen Zeit geboren, und daß mein kleines Schleswig ein Feld politischer Zwiespältigkeiten werden sollte, war mir immer sehr bedauerlich.

Sind nicht Politik und Kunst zweierlei? Sollten Künstlermenschen nicht allem Politischen enthoben sein und dem Zwiespalt der Landesgrenzen fernstehen dürfen? Die Urgründe meines Künstlertums jedoch liegen zutiefst im Boden engster Heimat verwurzelt. Wenn auch mein Wissen und Verlangen nach künstlerischer Weitung und Darstellungsmöglichkeiten bis in die entferntesten Urgebiete reichen, sei es in Wirklichkeit, sei es in Vorstellung oder Traum – die Heimat bleibt der Urboden.

An einem frühen Morgen heulten die Sirenen, es waren die deutschen Lokomotiven, die Tondern verlassen mußten. – Unser Nordschleswig war dänisch geworden.

Von Mögeltondern, dem kleinen schönen Sitz der einstigen dänischen Grafschaft, brauste jubelnd Musik über das Land hinaus bis zu uns an die Wiedau hinunter.

Viele glaubten ihren sehnlichsten Wunsch erfüllt und daß ein herrliches Dasein beginne. Feste und Feste wurden gefeiert mit Reden, Trinken und Tanz, alle Sonntage, alle Tage.

Gesellige Menschentrupps und übervolle Autos kamen scharenweise angefahren mit freudigen, weitaufgesperrten Augen, unser Nordschleswig staunend besichtigend.

Wir saßen still unten in unserer Tiefebene an der Wiedau, dahin keiner von den Vielen den Weg zu finden wußte.

Wir gingen an stillen Abenden in dem von Holunderbüschen gehegten kleinen Garten zwischen den blühenden Blumen. Und seltsam war es: von Nachbarhöfen tönten die Melodien der bekannten Lieder „Vort modersmaal er deylig" und auch „Der er et yndigt Land" zu uns herüber.

Manchmal auch hörten wir von dem deutschen Klinkerweg drüben die altbekannten Lieder der wandernden Mädchen und Burschen.

Es war oft gar nicht leicht für meine geliebte Ada, denn sie lebte schon während zwanzig Jahren in Deutschland, Gutes und Böses mit ihrem Maler teilend.

Ihr offener Sinn hatte schon längst alles Wertvolle erkannt, die oft so besonderen Menschen, unsere Freunde, und sie liebte die große deutsche Musik über alles.

Dabei immer auch liebten wir beide die große Schönheit und Feinheit im dänischen Volk und Leben, und einige dänische Nordschleswiger waren unsere besten Freunde.

Nur das übertriebene Politische und alle kleinlichen Grenzangelegenheiten mochten wir nicht.

Still schauten wir allem zu. Über manches uns freuend, über einiges waren wir enttäuscht. Wir liebten unser Land, so wie es war, auch die sich schlängelnden kleinen Flüsse; und mit den während des Krieges durchgefahrenen Wegen, die jammervoll schlecht waren, hatten wir uns zurechtgefunden. – Auch die Fehler eines Freundes kann man gern haben.

Der Landescharakter im allgemeinen änderte sich bald und vielfach. Die Felder wurden kultiviert und dräniert, das letzte Heideland verschwand, auf den grasgrünen Flächen wendete der Pflug die Furchen.

Kirchen wurden renoviert, Brücken gebaut, Telefon- und Kraftleitungen errichtet und längs den neu geschaffenen Wegen wurde Baum an Baum gepflanzt – die weite Fernsicht durchschneidend und teilend.

Viele kleine Siedlungen erstanden allenthalben, die Bauernhöfe wurden geteilt und der bisherige Dorfcharakter vielfach durch An- und Neubauten zerstört oder geändert.

Das durch den Krieg Versäumte sollte schnellstens nachgeholt werden. Alles schien so wohlgemeint, zum Wohl der Bevölkerung erdacht, ja alles Schönste und Beste sollte diesem neuen Lieblingsland getan und geschenkt werden. Doch leider war manches so mißverstanden, Größe und Schönheit der Landschaft zerstörend und die Einfachheit der Menschen nicht achtend.

Im großen gesehen sind die Mißhelligkeiten vielleicht nur belanglose Schönheitsfehler, und viel wichtiger, als Gegensätze suchen, ist es, Gemeinschaftliches zu finden und zu fördern: das Gemeinschaftliche der Völker.

Historisch gesehen war Nordschleswig der Besitz von Herzögen, unter diesen vererbt und vergeben, hin und her. Geschichte jedoch ist Vergangenheit. Wohl niemand denkt daran, daß auch Skaane Maland und Gleking wirkliche dänische Provinzen waren, daß auch Norwegen und England es waren, alles einst einmal in der großen Zeit, als Dänemark zwischen seinen Meeren das Griechenland des Nordens war. – . . .

Solche Beobachtungen und Gedanken bewegten mich damals im Wirrwarr der Geschehnisse, nach Klarheit suchend, menschlich und künstlerisch mit diesem kleinen Streifen Land: Schleswig-Holstein, in Hoffnung und Treue verbunden.

Bezüglich meiner Kunst ist gesagt worden, daß ihr eine vermittelnde Rolle im nördlichen Europa zufallen werde. Möge es Wahrheit oder Traum nur sein. An sich dürften die Landesgrenzen zwischen den germanischen Völkern nur wenig bedeuten oder auch verschwinden. Engländer, Skandinavier und Deutsche, diese drei hochgewachsenen Völker, mit ihrer Innigkeit und Tiefe, ihrer schwärmenden Phantastik, ihrer Kraft und der seelischen Wärme – in den Werken ihrer großen Künstler am reinsten zum Ausdruck gelangend –, sie sollten sich nicht beneiden oder sogar bekämpfen. Manches kann sich ändern und niemand weiß, woher und wohin sich die überschüssigen Kräfte der Menschheit wenden.

Die Welt will nicht stille stehen, das kann sie nicht.

England – Spanien – Utenwarf

1921

Oben in Jütland reisten wir, Irrungen und Widrigkeiten vergessen suchend.

Andere Landschaft, anderes Leben, andere Menschen mußten wir sehen und das Meer in seinem Tosen und in seinen stillen Stunden, im Seegras der Dünen wollten wir liegen.

In Agger am Westmeer wohnten wir. Die Geburtsheimat meiner Ada in dem leicht bewegten wunderschönen Wellenland am Limfjord lernte ich kennen.

Auch standen wir in Thisted am Grabe Jens Peter Jacobsens, der innig feinen Lyrik seiner Dichtungen gedenkend: „Hier müßten Rosen stehen!" sagte lieb meine Ada.

Es zog uns nun auch nach meinem Lildstrand von einst hinauf, wo damals ich so einsam wohnend saß und malte, bis es dann nicht mehr ging, bis ich dann nach Kopenhagen hinübereilte, wo meine Liebste, Liebste war.

„Du mußt doch gewiß etwas Schokolade mit nach Lildstrand nehmen für die kleinen Mädchen dort", hatte ich meiner Ada gesagt und – kleine Mädchen waren auch da, es waren aber die Kinder von jenen kleinen Mädchen, an die ich dachte. Die Zeit war mir davongelaufen.

Gräsbüll, mein Wirt von einst, der Fischer und Freund, war noch lebensfrisch und freute sich über unser Kommen. Am Strande lagen auch noch Boote wie einst, sie aber waren inzwischen doppelt so groß geworden und fuhren mit Motoren.

Die Dünen auch waren noch die gleichen mit ihren Senkungen, dem Heidekraut und den Kreuzottern. Auch Bulbjerg war noch da mit der Skarreklitt, der stolze Kerl, er stand noch trotzend da draußen, von den Wellen dauernd umspült.

In dem kleinen weltverlorenen Skive besuchten wir getreue Freunde, und dann reisten wir nach Kiel. Dort waren die drei schleswig-holsteinischen Künstler: Barlach, Rohlfs und Nolde zu einer Ausstellung eingeladen.

Ein junger russischer Maler, den wir dort trafen, erzählte uns, daß meine im Krieg verschollenen Neuguineabilder gefunden seien! – Das bewegte uns sehr. Ich sehnte mich seit langem nach diesen, unter schwierigsten Umständen entstandenen Bildern.

Nach den erhaltenen Angaben, die leider späterhin sich als unzutreffend erwiesen, reisten wir sie suchend nach Berlin, nach Heidelberg, nach Paris und dann nach London, wo dann wir wirkliche Zeichen ihres Vorhandenseins erfuhren. Ein besonders freundlicher Mr. Woods gab uns die Mitteilung, daß vor sieben Jahren Bilder, mit vielen anderen Sachen zusammen, von dem Warenhausbesitzer Mr. Poppelstone in Plymouth „als gute Prise" gekauft worden seien. Wir reisten nach dort, und Mr. Poppelstone sagte: „Ich habe zwei Rollen liegen, das sind Bilder." – Der Maler hielt vor Erregung seinen Hut vor das Gesicht. Wir vermochten gar nichts zu sagen. Er ging mit uns zu einer entlegenen verfallenen Villa und wirklich, unter einer Treppe hineingeschoben, lagen die beiden Rollen – meine Bilder. Wir schauten hin, aber konnten gar nicht haben, daß sie vor einem unverstehenden Menschen aufgerollt würden, er sollte unsere Erregung nicht sehen. Nach schwierigem Hin- und Herverhandeln wurden sie uns übergeben.

Auch erfuhren wir durch Mr. Woods, daß unser gesamtes Reisegepäck teils in Alexandria, teils auf Malta läge, von wo aus es uns zugestellt werden würde, und wirklich einige Monate später erhielten wir auch dies. Leider jedoch war alles erbrochen gewesen, und statt der eigenen vielen schönen und interessanten Einkäufe aus den fernen Ländern waren die Koffer vollgestopft von alter Matrosenwäsche, Stiefeln, verrostetem Werkzeug, Kleidungsstücken und üblen Postkarten und Briefen der Matrosenmädchen – es war ganz wüst. Sieben Jahre hatte diese Sachen darin gelegen, verfaulend, vermodernd. Meine schönen Javabronzen waren verschwunden, nur ein paar zerquetschte Masken und einige javanische Schattenspielfiguren waren noch da. Schimmelwolken vom Kramen füllten den Raum. Dann aber ein freudiger Aufschrei! Zerknittert fanden sich ein paar meiner kleinen Zeichnungen und dann ein ganzer Stoß! Diese kleinen Farbenzeichnungen auf chinesischem Blockpapier waren meine Notizen. Ich glaubte, einhundert Blatt gezeichnet zu haben und nun fanden wir 250 dieser winzigen, intimen Blätter. Und damit das letzte verlorene meiner Produktion – es war uns wie ein Wunder!

In Stemmildt bei meiner Schwester waren inzwischen aus Plymouth die beiden Gemälderollen angekommen. An einem Sonntag kamen wir dort an, und sogleich wurden die Bilder ausgepackt. Wegen der angeklebten Papiere – die Bilder waren beim Verpacken nicht ganz trocken gewesen – konnte die Spannung leider nicht sogleich befriedigt werden, für uns nicht und auch für die Kinder und Verwandten nicht. Den ganzen Sonntagnachmittag standen wir Papier aufweichend, ablösend, abwaschend. Einer der dunklen braunen Menschen guckte hervor nach dem anderen und die Palmen, das Meer und die glutvolle Sonne. Es waren 19 Bilder. Sobald sie fertig gewaschen waren, ging's in die gute Stube, sie alle nach und nach auf ein paar Nägel hinhängend. – Diese eigentümlichen Tropenbilder in einer schleswigschen Bauernstube! Wie war es seltsam. Und wie glühten die Farben.

Es war mir während der sieben Jahre, in denen sie verloren waren, nicht ganz bewußt geblieben, ob wirklich sie ganz gut seien oder nicht. Vielleicht deshalb war ich jetzt so freudig überrascht. Einige schienen mir besonders schön.

Diese Südseebilder sind eine merkwürdige Episode in meinem künstlerischen Schaffen, in ihrer Herbheit, der frischen Natürlichkeit und im Charakter kaum mit irgendwelchen Bildern anderer Maler vergleichbar.

Mit den verlorenen Bildern und dem Reisegepäck bin ich weit vorausgeeilt, uns selbst und unser Tun und Erleben fast vergessend.

Ich gehe zurück zu unseren Freunden in Heidelberg und wieder nach Paris, wo wir uns nicht sonderlich wohl fühlten. Es war die Stimmung noch durch den Krieg vergiftet. Aber das Louvre-Museum war versöhnend mit seinen herrlichen Bildern, seit 1900 in meinem Gedächtnis mitfolgend: Giorgiones „Ländliches Konzert", Rembrandts Emmausbild und mein Tizian, den ich kopierte und der nun inzwischen sich ein Renovieren und Neufirnissieren hatte gefallen lassen müssen, – wie würden manche Bilder protestieren, wenn sie es könnten!

Beim weiteren Rundgang durch die Räume war ich etwas erstaunt, wie doch so manche Bilder, die der junge Maler gläubig verehrte, mich nun nicht mehr in so hohem Maße beglückten wie einst.

Eines Mittags saßen wir auf dem Boulevard Italien, Kaffee trinkend und dabei in einer Zeitung die Nachricht vom Tode Carl Hauptmanns lesend. Wir wußten nicht, daß er krank gewesen war, und die Nachricht traf uns erschütternd. Der Dichter und Freund, den wir liebten, war von uns gegangen. Kurze Zeit danach kam zu uns auch die Nachricht vom Tode Karl Ernst Osthaus'. Seine Gattin, unsere besondere Freundin, war nach Meran zu ihm hingeeilt, die letzten Tage und Stunden ihn pflegend. In höchstem Wollen hatte er schonungslos sich allzufrüh verbraucht. Wir trauerten um den starken Vor- und Mitkämpfer für die Kunst und alles geistig Erhabene.

Im Hohenhof, dem schönen Osthausschen Haus, begegneten sich während vieler Jahre in Kämpfen und Diskussionen alle neueren Künstler, ja, das ganze junge geistige Deutschland, wie seitdem nirgends mehr.

In Paris waren wir. Paris ist die Stadt der Moden. Der Moden, von gewinnsüchtigen Kaufleuten erfunden, die Welt überschwemmend, die Volkskleidung und Trachten verdrängend.

In Paris herrschten auch in der Kunst seit langem Moden, die neue die alte jeweils ablösend. Was neue Mode war, sehr schnell war es wieder veraltet.

Von Paris ging es nach London. Eine bequeme, schnelle Fahrt. Neben dem Zweck unserer Reise waren es die reichen Kunstsammlungen, denen unsere Besuche galten, das Britische Museum, die National-Galerie, die Tate-Galerie. In den beiden ersten fanden wir viele Werke allerersten Ranges, im letzteren die geliebten lichten Landschaften von Turner. Gainsborough und Reynolds sind die meistgenannten Namen englischer Künstler. Gainsborough, auf seinem Landgut lebend, malte während seiner Lebzeit dreihundert Bilder nur, Reynolds dreitausend, trotz seiner großen Londoner Geselligkeit und der Würde und Bürde als Akademiedirektor. Wieviele Werke mögen wohl dem Geist und den schaffenden Händen Dürers und Rembrandts entsprossen sein?

Tanzende Zigeunerinnen, Aquarell 1921

Schweizer Berglandschaft, Aquarell

Der seltsame Blake, den wir vordem nur wenig kannten, interessierte uns sehr. Aber zurückkehrend zu den gar mächtigen assyrischen Reliefs, den ägyptischen Plastiken, den Bildern Holbeins und Rembrandts, waren es doch diese, die uns ihre ganze Größe und besondere Freude spendeten.

Während ein paar Tagen des Wartens besuchten wir in Sussex Freundinnen meiner Ada, auf einem alten Großsitz wohnend. Dann reisten wir nach Paris, von dort nach Toulouse und dann nach Südfrankreich. Wir fuhren über Toulouse nach Barcelona, wo wir ergriffen vor den alten schwarzdunklen Holzskulpturen im dortigen Museum standen wie vor einer alten neuen starken Kunst, den Charakter dieses Landes mit seiner dunklen Tiefe widerspiegelnd.

Das Schiff der Verbindungslinie Spanien–Südamerika, zu dem dann wir gingen, war übervoll. Wir wurden getrennt.

Meine Ada teilte ihre Kabine mit einer spanischen Dame, die sich vor ihr fürchtete wie vor einer „Kriegsbarbarenfrau" – vor meiner kleinen Liebsten sich fürchten! Die ganzen Nächte hindurch mußte das Kabinenlicht brennen. So war die Kriegspsychose.

Alle Passagiere waren spanischen Bluts, nur ein junger, etwas in Not geratener Schweizer Bursche nicht. Wir gaben ihm einen Betrag zur Überfahrt nach Südamerika, mit dem er sich wieder bei uns melden sollte. Er hat sich nie gemeldet.

Von Malaga ging es durch eine üppige schöne, fast tropische Gegend hinauf zu den steilen, wilden Felsen der Sierra-Nevadaberge. Danach kam Granada.

Granada, die kulturgesättigte Stadt der maurischen Zeit, die Stadt mit ihren schönen Palästen, ihren träumenden Teichen, ihrem steinernen Löwenhof, ihrer spielenden Ornamentik, alles fröhlich und leicht wie die vielen dünnen Säulchen auch. Man weiß nicht recht, ob und wieviel wirklich aus der Zeit der Entstehung noch erhalten ist, viel mag bei dem leichten Material renoviert worden sein.

Die Lage von Granada ist herrlich schön. Es waren aber wohl doch die vielen Zigeuner, die uns besonders interessierten, dreitausend sollen es sein. Sie erinnerten an die harmlos schönen Naturvölker der Südsee, entfernt und anders, und doch ähnlich in ihrer menschlich losen Ungebundenheit.

Die Liebe zum Ungewöhnlichen war mir immernoch geblieben. Mein Herz pochte stets etwas lebhafter, wenn ich künstlerisch gestaltend einem Sibirier, einem Chinesen oder einem Südseeinsulaner gegenüberstand, ja selbst der nächtlich verdorbene Großstädter erregte mich wie eine Fremdnatur, und auch das Malen stark geprägter jüdischer Typen hatte mich einst bei meinen religiösen Bildern beschäftigt. Nur zum Malen von Indianern mit ihrer heldischen Romantik bin ich nie gekommen, wie gern würde ich dies tun, bevor diese rothäutigen Menschen durch den unheilvollen Einfluß der Weißen gänzlich vernichtet sein werden.

Hier waren es die braunhäutigen, schwarzhaarigen Zigeuner, mitten unter denen wir standen und ich arbeitend lebte. Ich zeichnete und malte dauernd. Ein lumpiger Junge lief und sprang voraus, mich immer meldend: „Ein Meister ist da! Er malt ganz schnell, sehr ähnlich, und jeder Abgemalte bekommt einen Peseta!"

Eine alte Mutter wollte auch einen Peseta verdienen, nur ich wollte nicht. Sie ging in die Hütte, sich schwarz verschmierend, und kam dann wieder, ich lachte und schüttelte den Kopf; es war trotz allem nichts.

Die Gäste des Hotels kamen in ihren Autos durch die Zigeunerstraße gefahren, um auch diese gesehen zu haben, keiner jedoch wagte auszusteigen. Wir nur gingen durch alle ihre Gäßchen und hatten fast Freundschaften mit der Cilla und Maria – ihre Zigeunernamen waren Fraquito und Taguita – zwei ganz junge Mädchen. Sie kamen auch ins Hotel, und als sie sich selbst in einem großen Spiegel sahen – so hatten sie sich nie früher gesehen –, wurden sie vollständig wild. Sie tanzten rasende Tänze, und ich zeichnete eifrigst nach ihnen, um die Bewegungen zu erfassen.

Eines Tages, als die Zigeunermänner von einem Begräbnis zurückkamen, war es sehr unangenehm, sie waren angetrunken und ausfällig, so daß wir schnell verschwinden mußten.

Sonst aber war dies Volk sorgenlos und glücklich, lachend und tanzend. Das Arbeiten nur liebten sie nicht, aber das Betteln.

Ich stand in einem Laden, etwas anschauend. Ein Zigeunerjunge, schnell und frech durch die Tür huschend, reichte bettelnd seine Hand zu mir hin. Der

Mann im Laden drohte. Der Junge streckte ihm eine lange Nase und war im gleichen Moment verschwunden. – Solche lustigen kleinen Späße gab es viele.

In selbstgehauenen Steinhöhlen und an der schönsten Stadtseite sind die Zigeuner eingenistet, dort wo einst die vornehmsten maurischen Herren wohnten und lebten. Um dunklen Ungehörigkeiten zu begegnen, haben die Spanier elektrische Birnen in diese Steinhöhlen hineingehängt.

Zu Ostern war hohes Fest, die Spanierinnen gingen alle mit ihren schwarzen Spitzentüchern in ihrer hoheitsvollen Haltung. Die Promenade war voll und belebt. Dazwischen plötzlich erschien die pockennarbige kleine Fraquito in ihrem schmutzigen alltäglichsten Kleid, alle anbettelnd. „Aber Maria", sagte erstaunt meine Ada. Sie aber hatte heute für Unterhaltung keine Zeit, es war ihr ein allzu wichtiger Tag.

Allsonntag waren Stierkämpfe. Ein grausiges Spiel. Der junge Stier kommt in die Arena gesprungen, schnaufend und erregt, er wird gereizt, er springt am Bollwerk empor, die Menschen schreien und jubeln. Mit seinen Hörnern stemmt er Pferd und Reiter hoch, das Publikum schreit in wilder Begeisterung, und dann schließlich müde gehetzt, erhält der Stier zwischen seinen Schulterblättern den Todesstoß.

Ich wandte mich ab, mir war nicht wohl. Die Menge jedoch, die tausenden Menschen, riefen und schrieen und tobten in wilder Begeisterung. Sechsmal wiederholte sich mit wenigen Varianten das gleiche Spiel, sechs Pferde waren getötet, sechs Stiere waren tot.

Ich hatte versucht, zu zeichnen und zu malen, das Material jedoch gehorchte nicht wie sonst während der grausig spannenden Tragödie dieses stolzen Tieres. Und ein paar Tage lang nachher auch noch nicht.

Mehr als einen Monat waren wir in Granada, die Sonne stieg höher, die Menschen in Gruppen saßen längs den Mauern an der Sonne sich wärmend, die Kinder im Sand lustig spielend. Wir packten und reisten nordwärts.

Madrid

Madrid liegt auf der großen spanischen Hochebene, es war dort rauh und noch winterlich kalt. Wie immer waren auch hier unsere ersten Gänge zu den Kunstwerken. Das Prado-Museum birgt die großen, stolzen Tizianbildnisse, nur hier kann man Tizian in seiner erhabensten Größe kennenlernen. Velazquez enttäuschte uns, seine Bilder sind mit höchstem Können in großer Form gehalten, es fehlt ihnen das geheimnisvolle Leben blühender, voller schöner Farbe, oder waren sie einstmals farbiger, in ungenügendem Material gemalt und jetzt verblaßt? Oder war durch seine Hofmalerpflicht und Würde und im vielgeselligen Leben die Intensität des farbigen Sehens geschwächt?

Geselligkeit ist der gefährlichste Malerfeind.

Alle nicht ganz starken Künstler unterliegen diesem. Aber auch vor Spaltung in verschiedenen Tätigkeiten müssen sie sich hüten. Nur die großen Meister der Renaissance brauchten dies nicht: Michelangelo war Bildhauer, Maler, Baumeister und dichtete! Leonardo da Vinci machte neben seinem Malen weit in die Zukunft greifende Erfindungen; Grünewald baute Wasserwerke; Rubens war nebenbei Gesandter und Goya zeichnete Flugmaschinen; auch Goethe neben dem Dichten zeichnete und malte, und er war außerdem Minister! – Sind in unserer Gegenwart die Künstler geistig ärmer geworden, oder werden sie durch alle Neuheiten, das Radio, das Kino, das künstliche Licht, die metergroßen Zeitungen, die gelesen sein wollen, und durch vieles andere zersplittert und verbraucht?

Die Bilder von Murillo, Ribera und Goya wirken neben denjenigen der italienischen Meister gleicher Zeit nicht sonderlich farbig, aber in starkem schönen Schwarz-Weiß, so wie die spanischen Trachten einst waren, und auch heute noch die Frauen an Festtagen gekleidet sind. – Die Preußenfahne mit ihrem Schwarz-Weiß hätte die Spanische sein können.

Goya, dieser seltsame Maler, greift stark in alles Menschliche und alle tiefsten Regungen, gestaltend das Hohe, das Tiefe, das Grausige, das Mystische, das Groteske und auch das Edle. Seine phantastischen dunklen Wandbilder sind grausig herrlich, seine Graphik und seine vielen kleinen schwarzweißen Zeichnungen auch.

Greco ist weniger spanisch, sein Blut war ein anderes, und seine Kunst ist ganz anders: sein helles Grün-Gelb, sein Blau-Weiß-Rosa, alle seine Farben sind eigenartig, ebenso wie seine langgestreckten Figuren, seien es weltliche, seien es biblische.

Wir reisten nach seiner Stadt Toledo, seine Bilder schauend und auch die auf hochstrebenden Felsen gebaute Stadt. In den Straßen standen angebunden oder gingen umher die kleinen weißgrauen Eselchen mit ihren Eselsjungen, zottig und schön, den malenden Maler und uns alle erfreuend.

Ein Neffe der deutschen Dichter Carl und Gerhart Hauptmann war unser Führer und Fahrer. Seine junge spanische Frau Pilar war eine besondere Schönheit.

Nach Madrid zurückgekehrt, gingen wir noch einmal in das herrliche Prado-Museum und auch noch einmal in die Arena, einen Stierkampf zu sehen, weniger grausig, aber auch weniger volkstümlich und ursprünglich als in Granada. Er nahm uns weniger mit.

Es sind mir manche andere Madrider Erinnerungen wertvoller geblieben: die ziehenden Straßenkapellen mit dem hellen Gesang der Frauen und dem Rausch der Melodien, die, immer noch im Gedächtnis auftauchend, einen nach Madrid versetzen.

Wir reisten heimwärts. Wunderschön war eine „seit gestern" getraute junge schwarzdunkle Spanierin, die mit ihrem Mann und uns eine lange Weile zusammen reiste. Beide waren sehr glücklich und so ganz selbstverständlich lieb und verliebt. Später sollten wir sie besuchen und sie uns, so sprachen wir, aber nur die Erinnerung ist geblieben.

In Bordeaux waren wir nur kurz. In Lyon auch. Wir näherten uns der Schweizer Grenze. Auf einer Station wollte ich schnell etwas sehen und rannte den Kopf durchs Glasfenster – ein großer Schreck; wir ließen das Fenster sachte hinuntergleiten. „Dies geht auf das Reparationskonto", sagte einer, und wir lachten, wie böse Buben es tun. Die nächste Station war die Schweizer Grenze, – und dann waren wir in Genf.

Silberglänzend leuchteten hell die Magnolien. Jenseits vom Genfer See lag der Montblanc, der höchste Alpenberg, dessen Bezwingung auch mich einmal mächtig reizte. – Das Matterhorn blieb meine Höchstleistung.

Einige Jahre waren wieder vergangen, wir wohnten während der Sommermonate auf unserem weltfernen kleinen Utenwarf in arbeitsreicher Stille. Dann aber kam Lärm und Betrieb. Ingenieure bereisten die Wiedau-Gegend, eine künstliche Entwässerung sollte unserer Gegend große Vorteile bringen.

Ich fürchtete dabei den Verlust der natürlichen Schönheitswerte, welche dieser Gegend so reichlich beschieden waren.

Ich zeichnete und rechnete und arbeitete bei Tag und bei Nacht. Es dauerte viele Monate, bis ein einfacher, verhältnismäßig billiger klarer Entwässerungsplan fertig war. Einem bewährten Ingenieur übergab ich die Berechnungen und Pläne, und es war mir beglückend, nach seiner sorgfältigen Prüfung zu erfahren, wie richtig alle meine Berechnungen der Wassermengen, der Erdverschiebungen und der Baukosten waren.

Mein Plan war folgender: Entwässerung der Wiedau-Niederung, See- und Handelshafen bei Hoyer-Tief, Wasserzuleitung für Ländereien und Menschen, Anschlickung und Marschlandgewinnung.

Als ich durch Zufall erfuhr, daß der Entwässerungsplan politisch sei – da war es mir klar, daß meine Arbeit in dieser Sache verlorene Mühe sei. Gern hätte ich für die Heimat etwas Nützliches und auch Liebes dieser Art getan. Der Glaube jedoch ist mir geblieben, daß Nordschleswig seinen Hafen am Westmeer früher oder später einmal erhalten wird. . . .

BASSINPROJECT TIL AFVANDING AF MARSKEN.

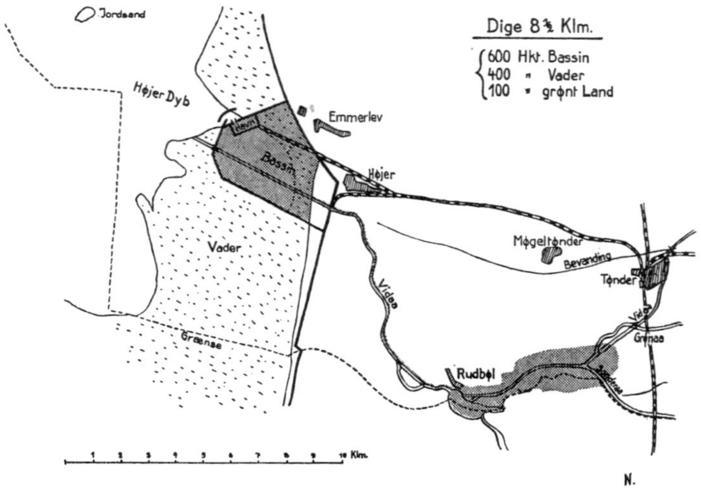

Entwässerungsplan,
Zeichnung

Alle Ausflüchte in andere Gebiete sind mir wie Ablenkungen vor allzu enggebundener Konzentrierung erschienen. Mir waren der Ideen allzuviele gegeben, aber allem kleinlichen, alltäglichen Kram, den manche Menschen spielend erledigen, stand ich unbeholfen gegenüber.

Die mich allzuviel beschäftigende Sache war nun vorbei. Der Maler wurde wieder Maler. Ich stand wieder bei meiner eigensten Arbeit, wie im Glück des Gegensätzlichen, wie im Rausch malend, und als ob die Pflicht dies gebiete.

Während unserer Südseereise hatten wir oft Gelegenheit zu beobachten, wie sehr die Menschen der Tropen die Sonne mit ihren starken brennenden Strahlen als etwas Böses betrachten, gegen das man sich schützen muß. Uns Landbewohnern in der gemäßigten kühlen Erdzone ist sie ein lieber Gast. Sie ist die Hervorzauberin alles Lebens. Sie bestimmt den Wuchs von Gras und Korn, das Gedeihen von Vieh und Menschen und auch das Blühen der vielen tausenderlei Pflanzen und Stauden und Blumen der Gärten.

Oftmals wendet sich fragend der Blick zur Sonne, zum Himmel. Eines Mittags, es war am 30. August 1923, war bei mildem stillen Sonnenschein das Barometer so tief gefallen, daß wir ganz verwirrt wurden. Es verging noch eine Stunde schönster Idylle mit merkwürdiger Spannung, und dann kam plötzlich ein so rasender Sturm, daß alle Sparren krachten, er wirbelte den Strohdiemen am Hause hoch, so daß die wieder herunterfallenden Büschel wie Räder über die Wiesen rollten, und das Wasser der Wiedau wurde zu Wolken gepeitscht. Draußen, Enten jagend, lag unser Nachbar, der Jäger Poul Sönniksen. Sein Boot wurde getrieben und drüben auf dem flachen Nommenhem ans Land geschleudert. Er wehrte sich stakend und arbeitend stundenlang, aber er konnte nicht zurück. Wir arbeiteten in Ängsten um ihn uns hinunter zum Wasser, vermochten aber nicht zu helfen, bis schließlich der Sturm einige Minuten nachließ und ihn über den Strom zurückgelangen ließ. Er war ermattet und triefend naß. Es war beißend kalt.

Einige Stunden vergingen, bis dann wie ein Lauffeuer die Nachricht vom Deichbruch am Meer alarmierend über das Land geflogen kam. 19 Menschen waren ertrunken und der ganze Viehbestand der überschwemmten Gegend.

Als auf einem notdürftig zusammengebauten Floß eine Anzahl Menschen sich retten wollte, kamen die mit dem Wasser ringenden Tiere angeschwommen, das Floß gefährdend. Mit einem jungen Bullen, der in seiner Not immer wieder das Floß erklettern wollte, war der Kampf besonders erregt.

Dieses Ereignis vom Reisbyer Deichbruch gab eine eindrucksvolle Vorstellung von den vielen großen Deichbrüchen und dem wilden Toben des Meeres mit seinen Zerstörungen, dem die Friesen während Jahrhunderten trotzten.

Unsere Fahrt ging sogleich zum Deichbruch, die verheerenden Wirkungen der Überschwemmung, die Aufwühlung und Überspülung schauend. Die Sturmflut war inzwischen vorbei und das Meer in seine harmlose spiegelblanke Ruhe zurückgekehrt.

An einem Spätnachmittag, ich war allein auf Utenwarf geblieben, brannte der schöne Bauernsitz „Nienhof" nieder, sein Feuer und seine Rauchsäule spiegelnd über die ganze herbstliche Wasserfläche bis hin zu uns. Das lodernde Feuer war unheimlich schön. Ich stand bewundernd, aber auch traurig über den Verlust des schönen Friesenhofes.

Die besondere Bauart der schleswigschen Bauernhöfe dauerte bis 1870, nachher ist diese nicht mehr erreicht worden. – Der damals gewonnene Krieg brachte uns mit dem Parvenüwesen der Gründerjahre einen Geschmacks- und Kultursturz, der erst langsam wieder behoben werden konnte.

In der Stadt kümmert man sich wenig nur um die Ereignisse der Natur, man beachtet kaum das Donnerrollen oder den Blitz. Die Dramatik wird nicht erlebt. Auf dem flachen Lande ist es anders; die einzelnen Höfe und Dörfer ragen über die Fläche hinaus, und in schweren Gewitternächten reicht der eine Brand dem anderen die Hand.

An einem Vormittag stand ich als Knabe, schauend wie im Dorfe Bülderup von einem großen Hof zum anderen das Feuer hinübersprang, es waren wohl zehn der großen und kleineren Höfe und Häuser, die nacheinander niederbrannten, die Kirche mit ihrem stumpfen Turm stand rauchumflort mitten dazwischen.

Solche Ereignisse wurden im Gedächtnis des Knaben eingegraben. Auf sie und auch auf die so oft erlebten herrlichen Naturstimmungen zurückgreifend, entstanden meine Bilder – das dramatisch Gesehene vereinfacht, geklärt.

Rotblondes Paar, Gemälde 1920

Tänzerin und Harlekin, Gemälde 1920

Stilleben (Reiter und Chinafiguren) Gemälde 1920

Schweizer Berglandschaft, Aquarell

Grindelwald (Fiescherglestscher), Aquarell

Schweiz – Italien

Unsere Reisen innerhalb der deutschen Grenzen und die Reisen nach England, Frankreich, Spanien, Skandinavien und Italien hatten uns reichliche Gelegenheit geben, in den großen Sammlungen und Galerien die Kunst aus allen Jahrhunderten zu sehen und zu verehren, und sie gaben auch Gelegenheit, die eigene bisherige Anschauung zu prüfen.

Zwischen der südlichen mittelalterlichen und der nordisch-germanischen Kunst ist eine klare trennende Linie erkennbar. Von der ägyptischen und der griechischen Kunst bis zur spanischen und französischen findet man die prächtige große, formale Schönheit, aber auch jeweils in ihrer Vollblüte die dahinter aufkeimende Dekadenz und ein etwas leeres Pathos. Bei der Kunst der nordischen germanischen Völker ist man bewegt von der geistigen Wärme, der Mystik und Phantastik, von der verhaltenen Kraft und einer oft herzlich rührenden Bescheidenheit.

Wir nordischen Menschen verstehen merkwürdig gut die Kunst der südlichen Völker, und diese die unsrige fast nie. Es ist, als ob diese Verschiedenheit ein Naturgesetz sei wie auch die Tatsache, daß die nordischen Völker immer nach Süden, der Sonne entgegen, gezogen sind.

Meine gelegentlich in Venedig ausgestellten Bilder erregten bei den Italienern Grauen und in München nur geringes Verstehen, – schon den Münchnern waren sie zu nordisch.

Die südlich geborenen Menschen sind gewandter als wir, mit zartem weicherem Sinn, und sie mögen das herbere, dynamisch Eckige der nordischen

Völker nicht. In peitschendem Regen, in Frost und Sturm und Schneegestöber fühlen wir in der Kälte geborenen Menschen uns herzlich wohl, ja wir lieben das Toben der Elemente dort, wo der Südländer friert. In der Kunst ist es auch so...

Während vieler Generationen haben unsere deutschen Künstler versucht, in südlich griechisch-italienisch-französischer Art zu malen, zu bilden und zu bauen, und schufen immer nur die Werke, welche von späteren Zeiten mißachtet werden, weil stets sie etwas schlechter waren als die Vorbilder und das wahrhafte heimatlich Eigene nur wenig darin vorhanden war.

Es ist nicht richtig, daß wir nach dem Süden, es ist nicht richtig, daß wir nach dem Norden in Abhängigkeit uns verlieren. Wir müssen die Einsicht und den Mut haben zu bilden, wie wir sind, wie wir es können.

Eine wahrhafte innerliche und äußerliche große Kunst kann nur aus eigenem Boden erwachsen, um der reinigenden unnachsichtigsten Kritik der Zeiten zu widerstehen....

Im eigenen künstlerischen Schaffen gab sich manches seltsam schwer. Wenn ich beginnend vor einer Schaffenszeit oder einem großen Werk stand, war es jedesmal wie vor einem Kampf mit unsichtbaren Mächten, und der Mensch im Maler suchte nach jeder kleinsten Gelegenheit, um möglichst dem Unvermeidlichen entrinnen zu können. – Ich denke, es mag auch anderen Künstlern so ergehen.

Das Weltliche im Künstler kämpft gegen die seelischen Triebkräfte. Das wirkliche künstlerische Schaffen ist eine Gnade. Wem ist sie gegeben – das sich Versenken, die Hingabe, das Hineinleben und Schöpfen aus Urnatur oder aus dem Nichts, sei es in übertragener Wirklichkeit, in freier Erfindung oder in wachem Traum? Das Werk ist vollverlangend, wenn es auch nur ein wenig mit dem verhaltenen Glanz göttlichen Ewigkeitswertes gesegnet sein soll.

Auch nach sogenannter moderner, bedeutender Gegenwartskunst suchten wir in den Großstädten der europäischen Länder, dort wo wir jeweils waren. In England und Spanien fanden wir nichts, in den Pariser privaten Ausstellungen einiges und auch viel abstrakte gegenstandslose Kunst, welche die mit dem französischen Impressionismus beginnende Auflösung anscheinend zur völligen Naturverneinung führen will.

Das Abstrakte in der bildenden Kunst nähert sich den Begriffen der Musik, so wie das Konstruktive – das wir auch sahen – sich dem technisch Maschinellen anschließt.

Ich weiß nicht, ob es ein Gewinn für die bildende Kunst sein kann, daß wir ihren bisherigen Boden verlassen. Ein jeder schöpferisch geborene Künstler hat seine eigene Ausdrucksweise. Originalitätsstreberei, Spitzfindigkeiten und Spielereien sind nicht Kunst. Es alles wiegt leicht und kann die menschlich tiefere geistige Funktion nicht ersetzen.

Bereits in meiner kunstgewerblichen Zeit hatte ich Strichlagen und Farbtöne und Flächen geübt, hoffend, es könne Weg und Ziel sein, es war nur Weg. Meine späteren, in müßigen Atelierstunden entstandenen Experimente, Farbigkeiten und Spielereien waren der Eigenkritik unterlegen, sie haben den Raum nie verlassen.

Kinderzeichnungen können reizvoll sein, sie entstehen spielend. Vielversprechende Frühreife täuscht gern. Die langsame spätreife Entwicklung ist meistens der künstlerisch sichere Weg. Und geistige Eigenschaften des schaffenden Menschen können steigernd sich entwickeln bis ins höchste Alter.

Alle große Kunst ist Fülle von Stoff und Seele, zu harmonischer Einfachheit verdichtet.

Und alle große Kunst kann von vielen wie eine Religion erlebt und verstanden werden. Doch Kunst für alle, das gibt es nicht. Wenn Kunst an unkünstlerische Menschen gegeben wird, die sie gar nicht haben wollen, das kann sie nicht erleiden, sie trägt den Stolz des Naturgesetzlichen in sich, das Lebenwollen.

Immer wieder gingen die Gedanken zurück, vergleichend das Gesehene mit dem Gegensätzlichen im eigenen Schaffen, und gar nicht leichtfertig urteilend.

Wir hatten viel geistreich Gewolltes, Bizarres und Krauses gesehen, das mir immer so fern war.

In meiner Kunst suche ich alle gewaltsamen Stilisierungen oder auflösende Zertrümmerung der gegenständlichen Form zu meiden und auch konstruktive oder kubistische Elemente.

Ich mag für mich es nicht. Anderen mag es bedeutsam sein, sie sehen es gern.

Eine Zeitlang war es, als ob eine Peitsche hinter einem treibe. Man mußte sich gegen alle Zumutungen und das rapide Sensationsbegehren wehren. Alle paar Monate wurde ein Genie erwartet und alle paar Jahre ein neuer Kunststil.

Unsinnigkeiten und Spielereien sollten das Neueste in Mystik und Geistigkeit vortäuschen, und so täuschend, das es nur mit vielsilbigen außergewöhnlichen Fremdwörtern erklärt werden konnte. Ich sperrte mich dagegen. Die Abstrakten spöttelten meiner. Einer nur verteidigte mich: Paul Klee.

Allen Diskussionen fern schwieg ich.

Das Schneckenhaus war meine Wohnung. Ich lebte im Winterschlaf, bis dann im Erwachen ich immer wieder liebend in der herrlichen Ur- und Allnatur war.

In Genf waren wir. In der Schweiz. Ich diesmal nicht allein. Auch meine Ada mußte einen Begriff von der Alpenwelt erhalten. Das Jungfraumassiv wollte ich ihr zeigen. Es lag vor uns, in seinem mächtigen Schneeweiß mit seinen blauen Schatten. Und dahinter die anderen alle. Sie alle mit ihren Namen, vom Volk erfunden, von der Nachwelt übernommen. Es sind oft seltsame Namen in Poesie und Erfindung, zuweilen lieb und launig, und andere wieder dämonisch, finster und erschreckend:

Finsterahorn,
Die Schreckhörner,
Der wilde Pfaff,
Der Tödi,

Die Müthen,
Der schlafende Ritter,
Die drei Schwestern und allen voran:
Jungfrau, Mönch und Eiger

Mir waren sie einst, sinnend und in Träumen, in ihrer mächtigen Größe wie Riesen und Riesinnen erschienen, und dann wieder stand ich vor ihnen, mit Eispickel und Gletschersporen gerüstet, in der fast unbezwingbaren Wirklichkeit.

Meinen Bergsteigerkameraden schrieb jung ich und launig hin:

Groß und breit, wie Stahl und Eisen, kernig und stark,
In wildem Ringen ihre Kraft sie erprobten.
Die Brust gewölbt von Mut, die Knochen voll Mark
Gewaltig im Kämpfen, im Trinken, im Toben.
Ha, – wie sie sich stritten, tobten und lachten,
Mit den Fäusten sie trumpften, daß die Tische krachten,
Sie haben es aber doch dem Herrgott zu bunt getrieben,
Von den trunkenen Helden, den alten Gestalten,
Sind heut nur die Kolosse, die Berge, erhalten.

Jeder Berg mit seinem Eigennamen hatte seinen Reim erhalten und auch das Finsterahorn seine Strophe:

Nur den Finstern dahinten, den mocht ich nicht leiden,
Er war ein trüber Geselle, ich tat ihn meiden.
Griesgrämig saß er stets in der Ecke verborgen,
Mit Gedanken sich quälend und allerlei Sorgen.
Die anderen tranken und lachten, er verdrehte den Kopf
Und saß stumm, stumpfsinnig da, der alte Sauertopf.

Es war ein halbes Jahrhundert seitdem vergangen, im Gedächtnis waren die Strophen noch geblieben, sie meldeten sich, als wir nun beide, fast geblendet vor der massigen Großartigkeit der Berge, dastanden ....

Gar eigentümlich berührte und überraschte mich, als meine frohjugendliche Idee der Berggestaltungen – 40 Jahre nach ihrer Entstehung – an Berghängen Süddakotas plastisch in die Felsenmassen gehauen war, ganz ähnlich meinen Bergriesen des Lötschentales, den „Sieben Kurfürsten am Wallensee" oder den „Wächtern des Rosengartens". Die humoristisch, dichterisch spielende Idee ist in das Kolossale, amerikanisch Patriotische hinübergenommen, vielleicht durch Zufall. In wuchtige Granitfelsen gehauen, schauen die Köpfe der hervorragendsten Präsidenten der Vereinigten Staaten Nordamerikas: Washington, Jefferson, Lincoln – über die Geröllhalden hinweg zu dem Beschauer hinunter.

Bei meinen Reisen durch Europa, wo immer wieder der Weg über die Schweiz ging, fuhr ich auch einmal über St.Gallen, diese Stadt, wo ich meine einsamen jungen Jahre in Abgeschiedenheit wie zur Sammlung zum Künstlerwerden verbrachte.

Ich schaute zur Säntisgruppe hinüber, dem Gebiet meiner ersten alpinen Besteigungen, und ich gedachte der vielen berauschend glühenden Sonnenuntergänge, denen nach den Unterrichtsstunden ich von den Höhen abends so oft und gern zugeschaut hatte. Auch gedachte ich der einstigen Freunde und der wachen Augen der mir anvertrauten Schüler und Schülerinnen. Ich ging in das Gewerbemuseum, zum Zimmer, wo einst ich wie gehetzt, in Ideen und Gedanken vergraben, gesessen hatte. Es war verschlossen. Und auch das Klassenzimmer daneben. Ich ging hin zu der großen üppigen Klosterkirche und in die Stiftsbibliothek zu dem mir freundschaftlich gesinnten Pater Dr. Fäh und fand ihn abwesend langsam umhergehend mit fernen Augen, fast schon wie mehr im Jenseits als im Diesseits lebend. Seine stille innige Frömmigkeit war mir ein erschütterndes Erlebnis. Dann suchte ich meinen Lehrerkollegen Stebel. Er war gestorben. Auch Freund Grütter war tot, und Stauffacher war im Trunk verkommen. Montigel, der joviale Philosoph, mit dem ich seit damals dauernd, im Glauben, daß er noch lebe, Zwiegespräche hielt – er war seit 26 Jahren tot. Meine Kegelbrüder alle waren gestorben, diese baumstarken Kerle, einzig Freund Neidhart lebte, mir von allem Gewesenen viel erzählend. Ich ging eine Weile noch in den Straßen umher, als ob ich etwas suche, und was suchte ich, alles schien mir leer und grau wie Trümmer und Ruinen es sind; was jung ich sah, war alt geworden. Die Stadt war gewiß so lebendig wie ehedem, nur mir schien alles tot.

St.Gallen hatte mir neben allem Vergessenen und Gewesenen einst die Freundschaft mit dem jungen Hans Fehr gegeben, als er noch Kantonschüler war. Eine liebe Freundschaft. Beginnend mit der Romantik der Italienreise und dann während der Diplomatenzeit des Freundes in Paris sich festigend, schon über ein halbes Jahrhundert hinweg. Und besonders bedeutungsvoll war sie geworden, als sich zu uns beiden die jungen lieben Frauen gesellten, die Freundschaft von zweien zu vieren verwandelnd. Es war herrlich, als sie auf ihrer Hochzeitsreise auf Alsen uns besuchten und wir an den Sommerabenden unter dem mächtigen Apfelbaum plaudernd, singend saßen und so glücklich waren.

Neben die harmonisch schöne Entwicklung des Lebens meines Freundes kann sich bei mir nur das innere menschliche Werden reihen. Das Leben in allem Äußerlichen war oft schwer und bitter, es ging durch Tiefen, über Höhen, durch Leid und Glück und vielen, vielen Kampf.

Und die Gesundheit versagte oft. Während der Winter war ich viel krank. Die grassierende Grippe erfaßte mich jedesmal. Das Herz war geschwächt, meine Augen allzu empfindlich. Ich ertrug kein helles Licht, keinen Rauch und keinen Wind. Es legte sich Kummer auf meinen Sinn. Ich konnte den Freunden nicht schreiben, ich konnte nicht zeichnen und ich vermochte nicht mehr graphisch zu arbeiten, was ich immer wieder so gern getan. Die Dünste der Säuren beim Ätzen der Kupferplatten oder der lithographischen Steine waren mir unerträglich.

Der Arzt verordnete Nauheimer Bäder und der Badearzt sagte, als ich dagewesen war: „Kommen Sie noch weitere drei Jahre!" – Ich tat es mit Zähneknirschen. Das stumpfsinnige Leben der Badeorte zwischen all den bedächtig umherwandelnden halbkranken Menschen war mir kaum erträglich. Wohl aber verdankt solcher stumpfsinnigen Lebensweise mancher seine gesundheitliche Besserung. Auch mir und meinen Augen erging es so. Immerhin aber verordnete noch einmal der Arzt, daß wir südwärts reisen sollten. „Sich schonen und hüten, Diät leben und vernünftig sein", das war sein Gebot.

Als wir die Alpen durchquerten, saß ich zaghaft hinausschauend, die Gipfelhöhen messend: „Euer Erstürmer bin ich nicht mehr und nichts mehr wert." So fühlte ich mich, geschwächt, unfähig und verloren das Leben. Schwermut und Glücksempfinden rangen miteinander. In Momenten nur meldete sich der mir sonst so getreue Optimismus, mich himmelan tragend.

„Die wirklich großen Künstler leben erst, nachdem sie gestorben sind." Ich weiß nicht, ob ich dies sagte oder ob es die Worte eines anderen waren.

Die Gedanken schwebten müde. Lebhafter nur waren sie, wenn sie sich auf meinem eigensten Gebiet, der Kunst, bewegten. Und von allem Geschauten der letzten verflossenen Jahre, ging ich immer wieder zur eigenen Kunst zurück.

Die Kunst war mir mehr als ich selbst.

„Ich möchte so gern, daß das Leben gelinge, nicht um meinetwegen, sondern um meiner Kunst willen!" schrieb der junge Maler einst, als alles mir so unerreichbar und trübe schien.

Wir kamen nach Venedig, der freundlichen zierlichen Lagunenstadt, und dann quer hinüber nach Rapallo an der Riviera, Ruhe suchend. Wir fanden dies nicht. Wir zogen nach Sestri Levante. Auch hier waren wir ungern. Protzige Geldverdiener und Kriegsgewinnler bevölkerten zu dieser Zeit die Hotels. Sie tranken Sekt, sie lachten und lärmten. Von geistig wertvollen Menschen sahen wir niemand: – Wie Öl und Wasser meiden und verabscheuen sich jene und diese.

Ein paar Wochen waren vergangen, bis junge Freunde uns erlösend von ihrem Kommen schrieben: Eugen, der Schweizer Student, der vor Jahren in Berlin so oft mit seiner Frau Claire in ihrem hellen gelbgrünen Sweater mit uns speiste. Wir jubelten ihnen entgegen, und dann bald packten wir unsere Koffer und reisten alle vier nach Florenz, diesem historischen Platz mit seiner Geschichte und seinen Palästen. An Kunst sahen wir manches Große und Schöne. Doch fast erschreckend sind mir die pompösen goldstrotzenden Rahmen der Bildersammlung im Gedächtnis geblieben, deren Aufdringlichkeit die Wirkung der Bilder tötet.

Eine Autofahrt brachte uns von der Frühlingswärme in den Schnee hinauf und wieder herunter. Unterwegs in Arezzo weilten wir vor den besonders lichten und herrlich schönen Fresken des Piero della Francesca. Diese waren Ziel und Höhe unserer ganzen Reise. Auf einem dieser mächtigen Bilder steht in buntem Brokatgewand der dunkelbärtige König Salomon, ihm gegenüber in vornehmster Neigung die schöne blonde Königin von Saba und hinter ihr die fünf hohen blonden Frauen mit hellen blauen Augen.

Es ist eigentümlich mit diesen blonden Malereien der Romanen: Piero della Francesca, Palma Vecchio, ja auch Tizian liebte das Blonde in seinen liegenden Frauen und in den Bildern seiner vollschönen Tochter Lavinia. Es stehen hierzu ganz im Gegensatz so manche Bilder nordischer Künstler, die braun- und blauschwarze Menschentypen zu malen lieben. – Ist dies ein Gesetz der sich anziehenden Extreme?

Nach diesem letzten schönen Erlebnis von Arezzo entschlossen wir uns zur Abreise.

Italien, das Land der Vergangenheit und der schlaff machenden Sonne, war nicht das Land unserer Sehnsucht, wie es während Jahrtausenden für so viele war, seit den Zeiten, als aus den germanischen dunklen Wäldern die deutschen Stämme südwärts wanderten.

Die Reise war mir doch wohltuend gewesen. Wir kauften noch einen ganzen Armvoll schönster blühender Orchideen, unsern Freunden winkten wir zu und reisten dann nach Zürich in ihre Wohnung – so hatten wir es verabredet.

Mit den Blumen war ich beschäftigt. Aber auch die beiden kleinen reizenden Mädchen malte ich, und lustig waren ihre Fragen und Bemerkungen:

„Hätt de Papa no en Pfnüsel?" frug in rührender Weise die Kleinste – ihr Vater war erkältet, als die Eltern wegreisten. „So rote Bäckli han i nöd!" sagte sie, als meine nassen Farben ihr zu stark schienen. „D'bischt en wüeschte Maler!" eine Weile später, und „mal Du lieber Dini Blüemle!" fügte sie hinzu.

„E goldiges Ketteli han i au ume!" sagte sie noch, „aber nöd so schwarz!" protestierte sie heftig, als ich es mit einer schwarzen Linie hinstrich.

Als die Sitzung fertig war, begann ihre eigene Beschäftigung. Eine alte Rechentafel war ihre Laute, zu der sie in höchsten Tönen singend eine Primadonna spielte.

Sie machten uns viel Freude, diese beiden kleinen Mädchen Elisabeth und Marianne.

Menschen und Schicksale

Daheim bebten immer noch die Erschütterungen des Krieges in allen Schichtungen. Es alles war gar nicht mehr so, wie es vordem war. Die Mark, während der Inflationszeit emporschnellend zu hundert, zu tausend und Millionen, hatte alle Begriffe von Handel und Besitz verwirrt, und auch die Menschen waren fast unzurechnungsfähig geworden. Es entstanden ganz merkwürdige Verhältnisse.

In unserem kleinen schönen friedlichen Mögeltondern bildete sich eine Art Räubergesellschaft, Gänse anderer stehlend und sie bei Trunk und mit Allotria verzehrend.

Auch einige unserer sonst so bedächtig ruhigen und soliden Landsleute gerieten in merkwürdige Zustände. Sie spekulierten in Kriegsmaterialien, in Valuta- und Bankgeschäften. Sie wollten reich, ganz schnell reich werden.

Die Zeit war wild.

Einige große Bauern starteten ein Unternehmen, die „Millionenfirma" benannt, Handel treibend mit Bauern- und Gutshöfen, bis dann die Bilanz sich abwärts senkte und den Verwegensten unter ihnen die eigene Kugel traf.

Ein anderer glaubte sich zum Bauernführer berufen. Politische Einladungen führten ihn nach Kopenhagen und Paris. In seiner Zeitung schrieb er seltsam grobe Artikel. Seine Karriere endete im Irrsinn.

Ein mit seinen beiden herrlichen Höfen als Klügster des Kreises Tondern angesehener Bauer hatte sich mit händlerischen Erfolgen schwere Reichtümer erworben, bis es dann doch nicht mehr ging und man eines Morgens ihn ertrunken fand.

Vieles mehr noch ereignete sich, oft laut und heftig, bei Trunk und Gelagen, Mut und Wikingerblut in Großtaten bekundend.

Einige Male klopften sie auch an unsere Tür an, „Bilder sehen" wollten sie, wir aber zeigten ihnen keine, und sie verließen enttäuscht das Einsiedlergewese, wo ihre Gelder keine genügende Beachtung fanden.

Es war all das Maßlose wohl nicht nur in unserm kleinen Kreis allein, und es war manches, vielleicht alles verzeihlich. Die Menschen waren durch die Zeit verwirrt und irrend. Aber auch andere Schwingungen nach der guten Seite hin waren bemerkenswert: Hilfe der Starken für die Schwachen, viel Beileid und Liebe und Güte, denn schwer lastend lagen die Kriegsfolgen über manchen Familien und über allen . . .

Nachdem das Getöse und Grauen des Weltkrieges und dessen erste und unliebsame Folgen vorüber waren, kamen für den Maler schöne produktive Jahre, er lebte still in aller Bescheidenheit arbeitend, so wie Instinkt und Begabung es ihm diktierten; und auch schienen die schwersten beruflichen und die seelischen Kämpfe überwunden.

Der Widerspruch von außen, der immer noch genügend da war, kümmerte mich nicht. Wo meine Bilder gezeigt wurden, waren es meistens lokale, um ihre Interessen bangende Menschen oder Maler, die am lautesten dagegen eiferten.

Die andere Kampfesart gegen meine Kunst war das Totschweigen. Von der Tagespresse wurde ich boykottiert.

1921 war ein Buch der National-Galerie über „Neue Kunst" erschienen, in dem alle meine jungen Künstlerkameraden mit vielen Abbildungen und Besprechungen bedacht wurden, nur der Name des Malers Nolde, der damals doch schon 54 Jahre zählte, war nicht einmal genannt.

Ich wußte auch nur wenig von allem, was geschah. Mein Ansturm gegen die Machenschaften der Berliner Sezession hatte dieses bewirkt. Zur Existenz hatten wir, was in unserer Abgeschiedenheit wir brauchten. Allen äußeren Erfolgen widmete ich keine Gedanken, und Künstlerkameraden traf ich fast keine. Mit den Brückekünstlern sprach ich wenig. Dem Gesichtskreis der Sezessionisten war ich entschwunden, meinen Künstlerweg allein gehend. Ich war geworden, was ich nicht sein wollte, ein künstlerisch Einsamer. Die ruhige friedliche Arbeit war mein Alles, meine Lust, meine Sorge, mein Glück.

Es hieß allgemein, durch kleine Vorkommnisse veranlaßt, daß ich jeden unliebsamen Menschen, besonders jeden Kunsthändler, der sich mir nähere, „zur Tür hinauswerfe".

Wahr ist es, daß ich einen frechen Kunsthändler hinausbefördert habe, und auch daß ich während der Inflationszeit gegen Käufer ablehnend war.

Der alte Steinbart, wenn er noch lebte, könnte hiervon einiges erzählen. Während Wochen telephonierte er alle paar Tage – ich ging nicht an den Apparat –, bis ich es schließlich doch einmal mußte und ihm seinen Wunsch erfüllte. In der Ateliertür blieb er eine Weile stehen, mit beiden Händen das Licht von den Augen abblendend, und dann sagte er lakonisch: „Ich muß Sie ansehen, von wegen der Jugend!" – ich hatte seinen Slevogt als alten Maler bezeichnet und uns als die Jungen. Den Jahren nach war es nicht richtig, im Künstlerischen um so mehr.

Dieser Mann repräsentierte eine Art privates Kunsthändlertum – klug, dreist, zuweilen frech und immer händlerisch. Wir suchten menschlich Tieferes in ihm, es war schwer, die äußere Kruste zu durchstoßen und den Menschen selbst zu finden.

Als eines Tages ein allein angemeldeter Herr seinen Sohn, seine Tochter, seine Frau und die Schwiegermutter mitbrachte, da wurde ich unfreundlich.

Ich wüßte keine weiteren solcher Geschehnisse anzugeben, aber diese genügten auch schon zur Bildung von Legenden. Es war mir recht so. Wenn ernste Menschen die Kunst als solche suchten, habe ich immer besonders gern meine Bilder gezeigt ohne jeglichen Unterschied, ob sie die Absicht hatten, etwas zu besitzen oder nur durch reine sinnliche Freude am Sehen und Erleben geleitet waren.

Nur einigen Menschen gegenüber war ich anders, wenn sie anmaßend vor den Bildern saßen und ich, der kleine Maler, eines meiner Bilder nach dem anderen vorführen mußte, ganz wie der Gehilfe im Laden seine Ware.

Auf dem Korridor eines Herrenhauses war ein Bild des Matthias Grünewald entdeckt worden. Ein wirklicher Grünewald! Zusammen mit unserem Freund Sauerlandt standen wir davor. Meine Freude, ein wirkliches unberührtes

Grünewald-Original sehen zu dürfen, wurde leider schwer enttäuscht. Soeben in die Hände des alten Museumsdirektors Bode gelangt, war es auch schon mit brutaler Willkür gewaschen, renoviert und gefirnißt worden.

Wir Künstler sind im Künstlerischen empfindsam und wohl anspruchsvoller als alle anderen.

Bilder anderer Art sah ich eines Tages in einem Schilderhaus der neuen dänisch-deutschen Grenze. Der Zollbeamte malte. Er wollte gern, daß ich seine Bilder sehe. Ich dachte, daß er an diesem unvergleichlichen schönen Punkt vielleicht etwas Schönes malen könne. Zur einen Seite lag der Ruttebüllerkoog mit seinen beiden schwarzen, eigentümlichen Mühlen und all dem weidenden Vieh, den Pferden, den Schafen. Zur anderen Seite das Ruttebüllertief mit seinen Wellen und den Spiegelungen, seinem Schilf und den segelnden Reet- und Heubooten. Mein Erstaunen war groß, als ich sah, was er malte: nach billig bunten Tiroler Ansichtskarten mit Alphütten und Wasserfällen tiftelte er kleine Kitschbilder, die nicht einmal das harmlose kindlich Schöne hatten, wie dilettantische Arbeiten es bisweilen haben können. Einfalt und Glück wohnen gern beisammen.

Oben in unserm Schleswig waren wir wieder in unserer tiefen Ruhe. Es war nicht immer leicht, uns diese zu wahren. Wir wehrten vieles ab. Es haben dies die Freunde immer verstanden. Wenn dennoch jemand kam, begegnete ihm zuerst am Heck der große Hund, die Dogge, – wenn er diesen zu passieren vermochte, kam unser junger Gärtner, und wenn es gelang, ihn zu überreden, dann begegnete ihm die Frau des Hauses, und dies sei der allerschwerste Moment – so hat es uns jemand erzählt –, wir fanden es lustig, wohl wissend, daß es fast ganz so war.

In Zwischenräumen von einigen Jahren besuchten wir Freunde und Verwandte in Kopenhagen. Der Verkehr war bisweilen etwas peinlich und eigentümlich, denn wir waren die im Krieg Besiegten und sie die glücklichen Kampfverschonten. Ganz ausgesprochen waren diese Empfindungen nicht, aber hinter beiderseitigem feinstem Takt und bestem friedlichem Wollen lagen sie verborgen. Bei den Freunden meiner Ada war es ähnlich, es waren nur noch wenige, und diese waren in andere Verhältnisse geraten.

Nur den Freund Knud Rasmussen sahen wir, seine Filmaufnahmen mit seinen Eskimohunden in rasendem Polarsturm vorführend. Und dann folgte unsere Trennung. Wir sahen ihn nicht mehr.

Das Wesen von Knud Rasmussen war seltsam geteilt. Ein vornehmes reiches Mädchen wurde seine Frau. Der Reichtum jedoch tat ihm menschlich nicht wohl, so schien es uns, vielleicht weil wir die Armen waren. Wechselnd war seine Art. Sein rostrotes Eskimoblut zog ihn immer wieder forschend und berichtend in die Polarzonen, in das Gebiet des östlichen Grönland über Kanada bis nach Alaska. Die Eskimos allenthalben liebten ihn und verehrten ihn als ihren ungekrönten König.

Tief ergriffen waren wir vom Tode des jungen dänischen begabten Malers Herald Gjersson. Er war mir so herzlich offen, meine Kunst anerkennend, entgegengetreten, als fast alle anderen dort noch nicht wußten, was sie sagen sollten, ob schimpfen oder lachen, und als die Kopenhagener Öffentlichkeit sich noch in Ausdrücken gefiel, die mir 15 Jahre zuvor in Deutschland entgegengeschleudert worden waren – denen übrigens auch die ein Jahrhundert früher lebenden Künstler Philipp Otto Runge und Caspar David Friedrich ausgesetzt waren.

Wie wird es doch dem Künstler schwer gemacht, der treu und offen seiner Überzeugung lebt und schaffend seine Ideale zu verwirklichen sucht. Jede außergewöhnliche Kunst muß sich gegen das Gewöhnliche durchsetzen. Ein jedes Künstlerleben beginnt mit Kämpfen, und je bedeutungsvoller eine Künstlerpersönlichkeit wirkt, um so mehr bäumen sich Widrigkeiten gegen seine Kunst und ihn selbst.

Leichtes nur hat es leicht.

Ein Jahr verging während dieser Zeit nach dem anderen, 1924, 25 und 26, still und arbeitsreich. . . .

Den kleinen Naturfreuden ging ich nach, wenn wir auf dem Lande weilten. Nur wer auf dem Lande lebt während des Vorfrühlings und des Spätherbstes, der Morgenstunden und der Abende, der sieht und hört alles wirklich.

Aber auch die Mittagsstunden haben ihr besonderes Gepräge, wenn die Sonne sticht, die Bremsen kommen, die Rinder toben und laufen mit hochgestrecktem Schwanz, bis sie unter schattigem Busch stehen, im Reet sich versteckend, oder am allerliebsten gleich plumps ins Wasser sich stürzen. Es war ganz herrlich, wenn drüben an der Wiedau die 18 großen, mächtigen Nommenhem-Ochsen angestürzt kamen, ins Wasser hinein, so daß man vor Spritzen sie kaum noch sehen konnte. Dann standen sie beruhigt stundenlang in kleinen Gruppen, den Schwanz ins Wasser tauchend und die Nässe in Ringen um sich schleudernd, daß Fliegen und Bremsen fernblieben. Auch die Spiegelung ihrer rotbunten Pracht in dem stillen Wasser war ganz wunderbar.

Und schön ist das Schwärmen der Bienen in heißer Mittagssonne, ihrer jungen Königin huldigend und folgend, bis dann sie in großer Traubenform an einem Ast im Garten surrend hängen, wie rufend: „Nun sind wir da! Zur Arbeit bereit!"

Und gar schön sind die schwärmenden weißen Wassermücken, die den Menschen nichts tun, aber in warmen Abendstunden über die Gräben wie wogende Silberwolken auf und nieder sich heben und senken. – Es ist, als ob man solche kleinen Wunder alle wohl gern sehen darf, aber nicht malen kann, und ich möchte es doch so gern versuchen, wenn ich einmal den Mut hierzu finde.

Wie der Abend, so auch ist der Morgen voller Reize und Schönheit. Das Leben in Glück und Frische erwacht: die Pferde wiehern, die Rinder brüllen, der Bulle brummt – und dann kommen knarrend die ersten Heu- oder Kornwagen gefahren. Üppige, schöne Welt überall. Meine Schönheit, die Heimat hier.

Lebend mit und in der Natur war ich den Menschen der Städte fremd geworden und der ganzen Öffentlichkeit fern. An allen üblichen Kunstausstellungen war ich unbeteiligt, ja, ich ging gar nicht hin, sie anzusehen. „Sezession" war mir ein übler Begriff und „Künstlerbund" ein Ableger der Sezessionen. Mir war alles Ausstellungsgetriebe zuwider, es schien mir geschäftlich nur und allzu unkünstlerisch. Öfters kam nun in dieser Zeit zaghaft immer wieder eine Anfrage, ob ich mitausstellen wolle; ich antwortete meistens nicht. Eine kleine Unterströmung aber war bemerkbar, indem einer hier oder dort sich um meine Kunst bemühte, wie um ein Geheimnis, das er kennen möchte.

Mit wenigen Freunden nur waren wir eng verbunden. Den Freunden, die uns lieb waren. Sie kamen auch öfters während der Wintermonate ins Berliner Atelier. Ich glaube, sie waren dort immer besonders gern.

„Nun ist wieder einmal all dieser Zauber vorbei", sagte eines Abends Max Kruss, als wir zur Reise nordwärts rüsteten und er in glücklicher Gegenwirkung zu seiner vielen Arbeit und als Ersatz für die Kunst und Künstlerfreunde sein Havelboot bestieg. Neben seinem Leben auf dem Wasser, ihm zur Erholung und Gesundung, hatte er früh schon eine besondere Liebe für die bildenden Künstler. Er erwarb die Bilder einiger Sezessionisten. Als aber er sich ein kleines Bild von mir hinhängte und noch eines, verging ihm die Lust an seinen bisherigen, und wohl im gleichen Tempo, wie er von mir und uns jungen freiheitlichen Künstlern Bilder erwarb, verkaufte er seine früheren, bis er dann allmählich eine selten gewählte Sammlung nur deutscher Kunst besaß. Nach seiner schweren tagtäglichen Arbeit kam er abends müde nach Hause, bevor jedoch er ausruhend sich anderem widmete, ging er schauend umher. – Er lebte mit viel Liebe zu seinen Bildern.

Ein anderer Freund meiner Bilder wurde der scharfsinnig schauende Ernst Henke, mitten im rheinischen Erz- und Kohlengebiet, wo Hochöfen alles dunstig überwölkten und die Erde zittern machen, wo jedoch die Kunst ihre schönsten Stätten fand. Als Henke meinem farbig glühenden Bild „So Ihr nicht werdet wie die Kinder" in seinem Haus einen Ehrenplatz, den denkbar schönsten Platz verlieh, zog es unsere Gedanken immer wieder nach diesem vornehmen und so seltsam lichterfüllten Raume hin.

Wohl beiden Sammlern ist die Kunst in ihrer Gegensätzlichkeit zum kalten, strengen beruflichen Denken eine Erholung, eine geistige Insel der Beschaulichkeit und Ruhe, soweit irdische Schönheit dies zu geben vermag. Ihre Frauen hüten die Bilder im schönen Heim, und die Jugend wächst mit den Schätzen heran.

Das gleiche mag für den eigenwilligen und feinsinnigen Freund Hermann Schridde gelten. Das von lichtem Blau durchwogte Bild „In Demut" war sein erster fester Griff. Auch das seltsame Bild „Zwischen den Welten" erwarb er und manches mehr. Das Stärkste ward ihm nie zu stark.

Sechs Herren, Gemälde 1921

Josephs Versuchung, Gemälde 1921

Martyrium II, Gemälde 1921

Portrait Eduard Erdmann, Aquarell um 1930

Viele Jahre lang waren es fast immer französische Bilder, die, durch den Kunsthandel vermittelt, in die deutschen Sammlungen kamen, und sie verwehrten fast – durch ihre geschmackliche Tendenz – die Nähe unserer andersgearteten deutschen Kunst. Entweder das eine oder das andere wurde die Losung ...

Und ist es nicht herrlich, daß unserer Kunst Freunde und Männer erstanden mit starkem Willen und feinem Sinn, die in den Künsten alles Gemischte zu meiden wußten, die Werke ehrend ...

Den Weg ins Atelier hatte auch der in Itzehoe wohnende Kunstfreund Alfred Heuer gefunden. Die Kunst von Rohlfs, die Plastiken von Barlach und auch meine Bilder wurden sein künstlerischer geistiger Lebensinhalt, und er wirkte in rührender Weise für diese seine drei gebürtigen Schleswig-Holsteiner Künstler. Werke von diesen waren sein Besitz und seine Freude. Als er seine junge blonde schöne Frau gefunden hatte, wurden seine Besuche bei uns seltener.

Wirkliche persönliche Freunde meiner Kunst hatten diese letzten Jahre uns nur wenige gegeben. Das konnte wohl nicht anders sein. Die Stille um uns und das konzentrierte Schaffen bedingten es. Auch allen Malerkameraden lebte ich fern. Nur der junge Hans Holtorf, der Maler und Schauspieler und Führer vom „Maskenwagen", schloß sich uns an, und er zog zur Flensburger Förde, wo auch in intensiver Arbeit unser Freund, der Pianist Eduard Erdmann mit seiner Frau Irene wohnten, denen beiden unsere gelegentlichen sommerlichen Besuche galten. Aber nur wenige Male vermochte ich es, mich von der fesselnden Arbeit loszulösen.

Das junge Hamburger Tänzerpaar Lavinia Schulz und Walther Holdt meldete sich eines Tages bei uns, und sie sandten dann die Aufzeichnungen ihrer Tänze. Es war uns ein besonderes künstlerisches Erlebnis, ihre Tänze zu sehen, die ganz eigenartig in Erfindung der Kostüme und der Bewegungen waren und so ganz gegensätzlich zum Zehenspitzentanz des Balletts und auch den symbolischen Charaktertänzen – mit nichts anderem vergleichbar. Doch waren sie zu außergewöhnlich für ein breites Publikum, an das sich schließlich diese Kunst wenden muß. Sie müssen vergehen, wenn ihnen nicht Zeit vergönnt wird, die Menschen zu ihrer Kunst hinanzuheben. Auch diese jungen

Künstler gerieten in Not, wir standen ihnen bei. Doch die Schwierigkeiten überstiegen ihre Kräfte. Sie beide töteten sich. Ihr kleines Kind blieb allein im Leben. Das damals noch reiche Hamburg hatte für seine Künstlerkinder nur wenig Verständnis und kein Herz.

Die allgemeine Not der Zeit türmte sich hoch vor jedem Sehenden. Die Eigenliebe feierte im Nichtsehenwollen ihre Triumphe. Wir sprachen oft hierüber, was alles geschehen könnte und müßte. Es geschah kaum etwas. Ich lebte in meinem Schaffen oder auch künstlerisch verausgabt im Winterschlaf, und nur meine Ada war rührend bedacht, wo sie etwas Liebes tun könnte, sei es für arme Frauen, für junge Künstler, sei es für Kranke oder unglückliche Familien, sie suchte sie und sie fand den helfenden Weg. Es waren schicksalsschwere Jahre. Und merkwürdig war es, wie es sich anscheinend von Mund zu Mund herumgesprochen hatte, denn fast alle Mittage klingelte es wieder. „Ein Bürstenbinder ist da", stets war es ein anderer. Wir gewöhnten uns dann immer mehr an diese kleine Unterbrechung der Mahlzeiten. Auch ein anderer Spielmann am Weg, die Straßenhändler und Scherenschleifer wurden bedacht, so daß sich nach und nach ein Lager all dieser kleinen, harmlos nützlichen häuslichen Sachen, von Stecknadeln an bis zu den Bürsten, für Jahrzehnte reichend, ansammelte. – An „die armseligen Besenbinder" und sonstige Titel und Gestalten der Carl Hauptmannschen Schauspiele und Romane mußte ich bisweilen denken.

Eines Nachtmittags stand vor unserer Ateliertür eine vermummte Frau und ein kleines Mädchen. Es war die einst junge und bildschöne Verwandte meiner Ada, die in Edinburgh geboren und in Schottland wie eine Prinzessin erzogen war. Eine reiche Heirat führte sie später nach Kokand, die an der chinesischen Grenze gelegene russische Handelsstadt, wo während der russischen Revolution ihr Mann gestorben war und sie es nicht mehr aushalten konnte. Ihre beiden halberwachsenen Söhne waren in die rote Armee eingereiht worden, und sie mit ihrem Töchterchen hatte, nachdem ein Offizier der Sanitätstruppe ihre letzten Schmuckgegenstände veruntreut hatte, die weite, weite Reise nach dem Westen unternommen, in Etappen, in Viehwagen, unter fürchterlichsten Entbehrungen, bis sie schließlich in Riga und dann in Deutschland und Berlin anlangte, wo sie manche Leidensgefährten fand. Sie wohnten bei uns, sie

Mann und Frau, 1918,
Holzschnitt

waren unsere Gäste, in einer unbenutzten Waschküche hoch oben hatten wir den beiden eine merkwürdig schöne kleine Wohnung eingerichtet, bis dann doch nach Monaten der Nachtwächter eines Nachts ein Licht bemerkte und der verbotene Aufenthalt in diesem obersten Dachstock aufgegeben werden mußte. Sie, die liebe Frau, war sehr mitgenommen, war schwach und nervenleidend. Es war auch allzu furchtbar, was sie alles aus Kokand an Selbsterlebtem und Gesehenem mit ihren einfachen Worten erzählte. Ein verkrüppelter kleiner Schneider hatte die revolutionäre Herrschaft an sich gerissen und befehligte über Töten und Lebenlassen wie in sadistischem Rausch. Es waren die grausigsten, blutigsten Geschehnisse, die sie alle Tage ungewollt mit ansehen mußte. In ihrer unbeholfenen Sprache erzählt, ergriff uns dieses vielleicht stärker noch, als wenn ein gewandter Mensch reden würde.

Das kleine Mädchen, die Toto, zeichnete ich vielemal. Als nachher sie erwachsen war, wurde sie die Frau eines baltischen Fürsten, und später brachte der Krieg ihr wieder Verarmung und das Elend der Flüchtlinge. So sehr voll Wechsel kann ein Leben sein.

Seebüllhof

Wo Liebe und Leidenschaft zum Werk in höchster Steigerung sich geben, da wird das scheinbar Unmögliche Wirklichkeit.

1926.

Es war ein schwer gefaßter Entschluß, unser Utenwarf, diesen kleinen naturgesegneten Platz, zu verlassen. Es waren gewichtige Gründe, die uns vertrieben. Die Entwässerungsarbeiten drohten alle Natur- und Urschönheit zu vernichten, die kalt rechnenden Ingenieure hausten barbarisch in der Landschaft, und der bisher so aufrechte Bauernstolz schien verschwinden zu müssen. Der schlimmste Zustand jedoch entstand, als von der Stadt Tondern die Kloaken in die Wiedau geleitet wurden und unsere dringenden Proteste und aller die Wiedau abwärts wohnenden Bewohner unbeachtet blieben – da konnten wir nicht mehr bleiben!

Die Marsch – das vom Meer angeschwemmte Land – hat kein Quellwasser und keine Brunnen. Aus Teichen und Gräben, wo die Frösche und Enten hausen, holen sich die Bewohner das Wasser. Wir und manche andere waren auf das Wasser der Wiedau angewiesen.

Wir hätten zu dieser Zeit wohl auch in Kopenhagen, Zürich, Paris oder Florenz unsere Flügel senken können, Deutschland aber zog uns an, und auch wollte ich gern meinem lieben Schleswig-Holstein mit seiner – meiner – Natur treu bleiben.

Auf langen Fußwanderungen und Fahrten längs der schleswig-holsteinischen Westküste und um Hamburg herum hatten wir nach einem Haus oder Platz gesucht. Wir fanden nichts. Unsere gar nicht großen, aber kleinen besonderen Ansprüche blieben unbefriedigt. Erst als wir gelegentlich eines Nachmittags auf der hohen, leeren Warft, die auf Peter Jensens Gemarkung lag, staunend standen, als ein junges Pferd um uns herumgaloppierend tollte und die Himmelswolken, über dem Wasser schwebend sich spiegelten, so herrlich waren, da schauten wir beide uns verstehend an, und meine Ada sagte: „Hier ist unser Platz!" Ich stimmte ihr zu, und mit wenigen Worten kauften wir die Warft. Die Warft mit ihrem Feting, wo in der Mitte sich eine Grasinsel gebildet hatte.

Kurz danach leider entstanden Schwierigkeiten. Der Mann wollte seinen Hof verkaufen. Er sollte ein Spekulationsobjekt werden, wir fragten bekümmert: „Wer kommt als Nachbar?", weil wir von dem in manchem abhängig waren. Wir mußten uns entschließen, den ganzen Bauernhof zu kaufen, diesen zu verpachten, und erst dann konnten wir daran denken, uns ein Haus zu bauen.

Es war eine furchtbare Schwüle, und ein rasendes Gewitter brach los, als wir im Krug Verlath verhandelnd saßen. Für mich eine ganz ungewohnte Sache, das Hin und Her, bis schließlich bei Teepunsch eine Verständigung möglich wurde. War dies krachende Gewitter als Omen erforderlich für ein gutes Gelingen?

Den Riß zum kleinen neuen Haus, soweit wir es damals beginnen konnten, mit seiner dreiseitigen Fassade, mit seinem eigenwilligen Grundriß, dem Gang der Sonne folgend, hatte ich selbst gezeichnet. Nachdem ich an so manchem Problem gearbeitet hatte, war es mir eine Freude, daß dieser mein Plan, unser Haus, nun auch wirklich ausgeführt werden sollte und etwas später der eigene neue Weg und die kleine weiße Brücke. Seebüll wollten wir es benennen. Die dazugehörige Bauernstelle nannten wir Seebüllhof.

Gartenfront
Haus Seebüll,
Zeichnung

Im Frühjahr 1927 – wir waren in Berlin – reiste meine Ada hinauf, den Umzug von Utenwarf nach Seebüll auf drei Heubooten in zwei Segelfahrten besorgend, und wir bauten schon in diesem Sommer noch das Atelier, schöner, als ich bis dahin eines gehabt hatte. Selbst hatten wir uns auf dem Hof einstweilen wohnlich eingerichtet, als Bauer unter Bauern.

Wir gingen ordnend an unseren Platz, als die tief erschütternde kurze Nachricht „Nelly tödlich verunglückt" zu uns kam. Wir standen da, meine Ada und ich, und konnten gar nichts sagen, in den Augen die quellenden Tränen,

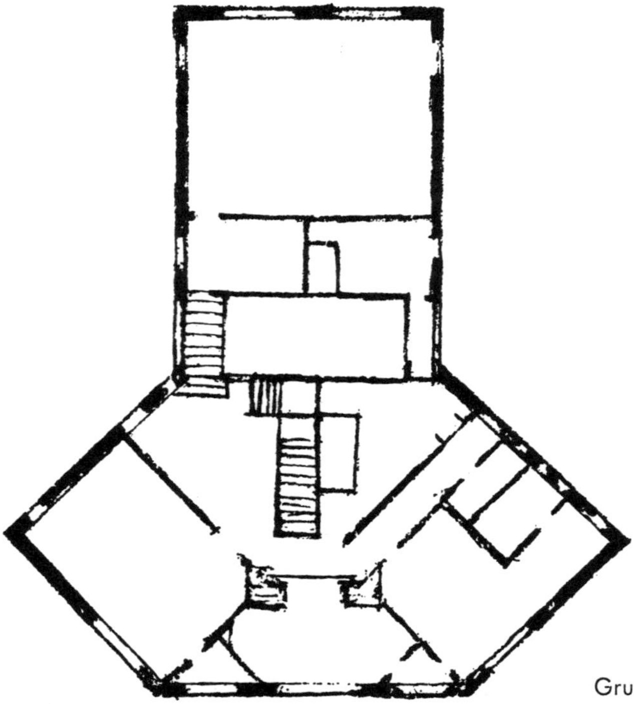

Grundriß Haus Seebüll, Zeichnung

Nelly, unsere liebe, liebste Freundin! Wir brauchten den Entschluß zur Fahrt von Seebüll nach Bern nicht erst zu fassen, er war schon da, und wir fanden den Freund im Innersten bewegt und die drei Söhne trauernd um die selten liebe Mutter. Sie war, während Hans Fehr bei einer Sitzung tagte, langsam mit ihrem Wagen, den sie so gern fuhr, allein in den sonnigen Tag bergan gefahren, bis sie, den Weg verfehlend, in eine Sackgasse geriet und, wieder bergab fahrend, das Auto ein paarmal sich überschlug. Holzarbeiter fanden einige Stunden nachher die Unglücksstätte. – Wir alle trauerten um die schöne, stolze und liebe Frau und Freundin, die nie in ihrem Leben ernstlich krank gewesen war und nun – ihr plötzlicher grausiger Tod! Das Geleit zum kleinen, verträumten Friedhof in Muri war unser letzter schwerer Liebesdienst.

Es war im Monat Mai. Alles blühte und glühte in junger lebensfroher Pracht – wir hatten hierfür nur wenig Sinn. Ich winkte bescheiden der weißen „Schleierjungfrau" drüben zu, und dann ging es wieder nordwärts, aber doch vorher noch wieder einmal nach Colmar, zu dem herrlichsten aller deutschen Bilder, dem Isenheimer Altar, der nun französischer Besitz geworden war.

Auf unserem Seebüllhof und im Gotteskoog grünten die Felder, und das Reet seine schlanken Spitzen aus dem Wasser hochsprießen ließ.

Während der ersten schönen Sommerwochen atmeten wir die freie Luft, Erholung und Ruhe genießend. Und dann kam dieser merkwürdige Tag mit dem großen, feierlichen Fest: In dem Scheunentorweg war ein ganz langer Tisch gedeckt, an dem die Verwandten und die Freunde unserer und meiner Kunst alle beisammen saßen, Männer und Frauen: Gustav Schiefler, der feine Graphikkenner und Sammler, Max Sauerlandt und Pastor Katt, der Museumsdirektor und der Pfarrer, Eduard Erdmann, der Pianist mit seiner Frau Irene, der Nachbar Hans Dethleffsen, der Arbeitsmann Karsten Nielsen, unser ehemaliger Knecht und „Dichter" Hans Feddersen, unser Pächter Jürgen, meine Verwandten alle und wir beiden Malersleute, alle in zwangloser Unterhaltung redend. Die Heuwände waren mit weißen Leinen abgedeckt, und die vielen bunten Lampen, an einer Schnur hingereiht, gaben seltsames Licht. Reden wurden auch manche gehalten: mein Bruder Nikolai erzählte Frühjugendliches von mir, dem kleinen vierjährigen Bengel, den er aus der Grünau rettete, als er von dem großen Lachs hineingezogen war, und der Vetter Martin Hansen mit seiner Schwester Drea sangen ihr unendlich langes „Liebeslied". Im zweiten Scheunentor tanzte zur Harmonikamusik, wer tanzen konnte und mochte – es war diese naturhafte Feier wirklich sehr merkwürdig schön.

Max Sauerlandt hatte bereits am Nachmittag dem Maler ein kleines Buch in Fahnenabzügen gegeben, meine Briefe, die er bis in die neunziger Jahre zurück zusammengesucht hatte. Besonders einige frühe Briefe bewegten mich, weil in ihnen das ganze Schwere dieser weltverlassenen Zeit enthalten war, ja ich fühlte sie fast als zu offene Bekenntnisse junger innerster Regungen. Der Bruder saß, eifrig lesend in dem kleinen Buch, die Schwester auch, sie kannten ihren Malerbruder von dieser Seite noch nicht.

Eine weitere Überraschung war die Kunstausstellung im sommerleeren Kuhstall, wo auf helle Bespannung eine ganze Reihe meiner Graphiken gehängt war, und wo unter großer Spannung ein jeder der fünfzig Gäste sich das ihm liebste Blatt aussuchen durfte, der Pastor das seine, die Köchin das ihre; der Arbeitsmann mit seiner Frau fand ein Selbstbildnis und das Bildnis meiner Ada, in Begeisterung rief er: „Diese Bilder haben für mich tausendfachen Wert!"

Als das seltsame Mittsommerfest zu Ende ging, war es tiefe, schwarze Nacht. Im kleinen neuen Motorboot – dem Geschenk meiner Ada – ging es bei Laternenlicht über den See hinüber, Jes, der Knecht, ein verwegener Kerl, war Steuermann. Als er von der zweiten Fahrt zurückkehrte, meldete im Osten der rotüberglühte Himmel den Morgen.

Das Jahr 1927 brachte diese Feier zu meinem sechzigsten Geburtstag, so weit war es nun gekommen.

Ist dies eine Freude? fragte ich, rück- und vorwärtsschauend. Der Maler ist jung, solange er künstlerisch schaffend in Selbstüberraschungen lebt, und solch höchstes Glück gibt sich nur dem Künstler.

Instinkt ist stärker als das Bewußte und eine besondere Naturgabe, die der „kluge" Verstand nicht gern gelten lassen will.

Instinkt und Bewußtsein bekämpfen sich.

Instinkt und Bewußtsein ergänzen sich.

Trio, Gemälde 1929

Schwüler Abend, Gemälde 1930

Künstlerisches, soweit es mit dem Verstand entsteht, ist leichtverständlich. Nur das rein künstlerisch Geschaffene hat es sehr schwer bei den Menschen, weil ein wenig Mitempfinden gleicher Art zum Erfassen gehört, und die Natur geizt mit dieser Gabe.

Wer diese Gabe nicht hat, ist Zweifler.

Innerliche, schöngeistige Menschen verehren nur die allerstärkste Kunst, grobschrotige huldigen der süßlichen und zimperlichsten.

Darbende Maler malen Stilleben mit Ananas und Melonen, die Begüterten schiefe Töpfe und Kohlköpfe.

Entgegengesetzte Pole ziehen sich an, das ist naturgesetzlich.

Wir Menschen sind seltsame Geschöpfe. Der Kluge ist klug, und wenn er schlecht ist, findet er es herrlich, wenn andere Menschen einfältig, ja dumm sind . . .

Ganz vereinzelte Triebe nur sprießen empor, mit ihrer Blüte Freude spendend . . .

Mit viel Umsicht und Mühe hatte der Freund meiner Kunst, Rudolf Probst, in dem schönen Ausstellungsbau in der Lennéstraße in Dresden eine große Anzahl meiner Bilder vereinigt. Für mich war dies eine selten große Ehrung, ich wollte immer schon so gern einmal meine Hauptwerke in schöner Anordnung beisammensehen, wie es hier geschehen war. Ungefähr zweihundert Gemälde waren beisammen. Die religiösen im Zentralbau, die Neuguinea-Bilder waren vereinigt in einem anderen Saal, sonstige Figurenbilder und Phantasien, Stilleben und Gartenbilder glühten in ihren Räumen. Die Eröffnung war besonders feierlich. Heinrich Kaminski spielte herrlich, und Alois Schardt sprach in seiner begeisternden Art. Dies alles wurde mir erzählt, ich selbst, scheu vor dem Öffentlichen, kam erst zu den Bildern und den Menschen, als diese allzu bewegende erste Feierlichkeit vorbei war. Wir gingen langsam schauend von Raum zu Raum, bei den Bildern stehenbleibend, die uns bei diesem ersten Gang besonders fesselten. –

Am Tage nach der Ausstellungseröffnung ereignete sich etwas Besonderes, ohne daß jemand vorher etwas davon wußte. Unsere nächsten Freunde alle wurden zu einer Feier in einen festlichen Hotelraum eingeladen – wir beide, meine Ada und ich, feierten unsere 25jährige Zusammengehörigkeit, unsere

Verbundenheit während der Stürme und Kämpfe, dem Leid und der Freude. Wir saßen unter den Blüten einer langen Orchideenreihe; plötzlich wurden wir von Freunden auf die gedeckte Festtafel gehoben ... Es war alles nur ganz wenig vorbereitet, und vielleicht deshalb gelang es so glücklich. Auch zwei Paare, junge Menschen aus der heimatlichen Familie, Hans und Christine, Christian und Marie, waren gekommen, um in der Ausstellung zu sehen, was der Onkel gemalt hat. Sie waren sehr überrascht, Teilnehmer an diesem Fest zu sein, das dadurch auch für uns ein besonderes Familienfest wurde.

Recht erstaunt waren wir zu hören, daß am Tag vorher aus Berlin eine ganze Reihe Rezensenten dagewesen sei, von denen nun manche spöttelnd und auch gehässig nach Nord und Süd und West berichteten. Mein fast zwanzig Jahre zuvor gewesener Kampf für die Kunst im allgemeinen und die der Jugend war noch nicht vergessen. Ich fragte ein wenig bitter: „Soll meine Verfolgung ewig dauern, ist es immer noch nicht genug?" Denn ich malte wahrlich nicht, um die Menschen zu reizen, ebensowenig um ihnen und ihrem Geschmack zu gefallen, und meine Natur verlangte gar nicht nach Äußerlichkeiten.

Als die Bilder von Dresden nach Hamburg kamen, hatten üble Vorberichte dieser gleichen Rezensenten alles vereitelt, Ausstellungen in Frankfurt und Mannheim vermochten sie zu verhindern. In Kiel jedoch, in Essen und Wiesbaden war es schön, und auch viel Anerkennendes wurde gesagt und geschrieben.

So ging es hin und her in Freud und Leid, Bekämpfung und Anerkennung, das ganze Leben. Immer neben dem Bösen auch das Glück, und – das Glück schien mir stärker.

Wohl jedem Menschen, der unentwegt seine Ideen und Ideale verfolgt, begegnen Mißgunst und Unverstand.

Der Künstler muß den Zorn der Besserwissenden und in Tradition Gebundenen über sich ergehen lassen. Ihr Wissen ist die Wissenschaft des Gewesenen und ihr Sehen ist geschwächt ...

Jugendlich jung rief ich einst in die Winde hinaus: „Ist unsere Zeit so erbärmlich schwach geworden, Neues nicht mehr schaffen zu können?" und „Der Künstler macht, was er muß, und wenn er dabei vergeht."

meine Bilder noch in Dresden waren, war ich einige Tage dort geblie-
es einzelne der oft lange nicht gesehenen Bilder nach seinem Zustand
Haltbarkeit prüfend: die Farben fast alle glühten mir frisch und
nen, als ob sie gestern oder vorgestern gemalt wären, und kaum
gendwo kleinste Risse zu finden. Das war dem Maler ein

er hatte ich während der vielen Jahre auf selbstgrun-
ch gemalt mit reinen, nur wenig gemischten Farben,
abgesehen, sind sie alle ungefirnißt. Schön, daß
ach gemalte Bilder brauchen keinen Firnis, jetzt

das sich mehrende Interesse und auch den
aftlicher Sorgen enthob. Ich war von
der nahen Vergangenheit, wie Leibl,
hatten keine oder doch nur ge-
e, wenn ich in ihrem Alter ge-

er überallhin verstreut.
ittel des Lebens begin-
en wolle. Es war ein

Ein wirkliches
– auf Alsen
uten Vor-
aß hier
iden

Stätte der Arbeit sollte es sein, eine ernste Stätte der Pflicht, die nicht leichtfertig entweiht werden durfte.

Zuweilen nur fragte ich, warum denn ich meine Kunst so unheimlich ernst nehme, wie auch hier bei solcher Gelegenheit, wo ich den Ernst auf die paar Quadratmeter Atelierraum übertrug, denn doch auch mir waren Lebensfreude und ein Humor gegeben, der im Leben und auch im Künstlerischen nach Entfaltung verlangte.

„Warum?" fragte ich, in manchem fragte ich „Warum?"

Und, je älter man wird, um so mehr häufen sich die offenen Fragen.

Nach unserem geliebten, verträumten Utenwarf – es liegt in bequemer Sehweite, geheimnisvoll von Fliederbüschen umkränzt – schauten wir noch oft hinüber, immer mit dem Gefühl der Verbundenheit, denn es bedeutete uns so viel.

Lisbeth und Cornelius waren unsere Pächter geworden. Das tiefe Land jedoch lag während ihrer beiden Jahre von der Mitte des Sommers an als blanke Wasserfläche da. Diese Schönheit konnte leider den jungen Menschen den wirtschaftlichen Verlust nicht ersetzen.

Wir verkauften, was nicht zu halten war. Andere strebsame Nachfolger wurden die Besitzer. Als wir es aber das letzte Mal wiedersahen, war schon alles Vertraute verschwunden, ein hoher, sperrender Deich vor Haus und Garten gebaut und aller lieber, besonderer Zauber verflogen.

Und den Namen Utenwarf gibt es nicht mehr.

Seebüll

1927.
Wir standen auf unserer Warft Seebüll, die ganze weite Himmelswölbung über uns, mehr noch als den Halbkreis rundend, denn seltsam ist es, wie sehr eine kleine Anhöhung in der flachen Ebene den Himmelsbogen vergrößert.

Wir schauten nach dem Seebüllhof hinüber, nach den drei Großhallighöfen und dann nach dem Süden zu dem auf seiner Warft fest gelagerten Hülltofthof, mit den uns zugewandten beiden typisch friesischen weißen Scheunentoren. Nach Osten zu liegt Freesmark, dieser große Friesenhof mit seinem vielen Tiefland und Reet, und nordwärts die Höfe Freesott und Foggebüll; Foggebüll mit seiner Sage von dem alten Herrensitz, aus dessen schweren Eichenbalken der alte Glockenturm in Aventoft gezimmert war. Nach Westen hin liegen auf dem niedrigen Deich, der früher einmal das Gotteskoog-Gebiet gegen das Meer schützen sollte, die kleinen einstigen Fischerhäuser, von wenigen Fliederbüschen umrankt. Und etwas näher liegt der neu und schön gebaute Hof Dötgebüll, zwischen uns nur die paar Fennen und das Wasser, das Wasser mit seinen Spiegelungen, seinem Reet und seinen Binsenbüschen, seinem Kalmus und seinen Donnerkolben.

Nach Norden hin liegt „Merlingfeld", der Hof, wo mein Vater geboren wurde, wo er und seine sieben Geschwister aufgewachsen sind. Es war zu jener Zeit der Hof ein größerer Haubarg: Wohnräume, Stallungen und Scheune unter einem hohen, nach der Mitte zusammengefaßten Reetdach.

Die beiden jungen Brüder Jens und Niels Hansen reisten alljährlich zur Geest hinauf, um junge Ochsen für ihre Grasweiden auf Merlingfeld zu kaufen. Sie kamen auch nach der Ortschaft Nolde, wo sie auf einem der Höfe die

Töchter des Hauses kennenlernten, und nach einer siebenjährigen heimlichen Verlobung von Niels und Christine erfolgte bei der Heirat die Übernahme des elterlichen Hofes meiner Mutter durch meinen Vater.

Als wir so redend dastanden, tollte und tummelte sich um unsere Füße herum die junge, halberwachsene gelbe Dogge „Baldur". Ihr war an unseren Gesprächen nichts gelegen, aber sie sollte Wächter des Hauses werden, nachdem schon ein paar Jahre zuvor unser Hund „Fajo" gestorben war, in Sehnsucht gestorben nach seiner Herrin, meiner Ada, als wir nach Berlin gereist waren. Ihr zurückgelassener grauer Pelz war eine Zeitlang sein Trost gewesen; unsere lieben Freunde Sönnichsen begruben ihn in ihrem Garten unter dem Beet der roten Rosen. –

Unser Seebüllhof, den wir besonders lieben, ist kein großer Hof, aber das Gebäude liegt breit auf seiner Warft, und seine Eisenanker tragen die Ziffern 1867, das Jahr seines Baues und auch das Jahr meiner Geburt. Während der Mitte des vorigen Jahrhunderts und etwa zwei Jahrzehnte noch nachher herrschte ein noch gediegener und guter Geschmack. Erst die Gründerzeit nach dem siebziger Krieg und das Aufblühen der Industrie ließen auch hier den handwerklichen Sinn sehr tief fallen.

Der Seebüllhof ist schön, machte uns jedoch anfänglich viel Kummer, die Zeiten waren schlecht, der Pächter konnte nicht dagegen aufkommen. Ich mußte Bilder veräußern, um den Hof zu halten. Nur die Freude an den Fennen mit ihren Tieren, die vor unsern Fenstern grasten, hatten wir, und wir liebten ihr lustiges Leben, ungefesselt auf dem grünen, flachen Feld.

Vom Geschichtlichen unserer Warft und dem ein Menschenleben zuvor abgebrochenen Haus erzählten die Nachbarn uns einiges; auch kamen aus den früheren Geschlechtern Menschen zugereist, um zu sehen, was auf ihrem einstigen Stammsitz nun vor sich gehe. „Ich bin ja hier geboren!" erzählte eine ältere Frau, und eine andere, daß der Vater des deutschen Historikers Theodor Mommsen, bevor er nach Garding zog, auf dieser Warft ansässig war. „Seine beiden alten Tanten, die in Rosenkranz wohnten und mit Strümpfestricken sich etwas verdienten, habe ich gut gekannt", fügte sie hinzu.

Wohl ein jeder Bauernsitz hat seine Vergangenheit und birgt das Schicksal vielen Glücks und oft auch Tragik. Die herrlichen Marschhöfe, bis nach Eiderstedt und Dithmarschen hinunter, vielleicht noch mehr als manche andere. Seebüllhof birgt auch das seine: das Glück, die Schönheit, die Liebe, die Sünde. Anna, meine Schwägerin, erzählte mir: „Die Nachbarn gingen abends einander besuchen, harmlos plaudern, Kaffee trinken, die Männer Karten spielen. Die junge Frau von Seebüllhof ging jeweils früh nach Hause, ihre Zwillingskinder stillen. Eines Abends fügte es sich, daß der Mann bald nachher auch nach Hause ging. Er überraschte den anwesenden Liebhaber:‚... und auch die Zwillinge sind nicht meine Kinder!' rief er in leidenschaftlichem Zorn. Alles Glück war verflogen. Wenige Tage nur noch, und in der Winternacht im Sturm und peitschenden Regen stakte die zarte, schöne Frau, verstoßen mit ihren kleinen Zwillingen im Teerboot den Fahrgraben hinaus über das erregte Wasser zur Großhallig hinüber, dort am Fenster weinend um Aufnahme flehend. – Der Bauer auf Seebüllhof saß stumm hinter seinen Wänden. Sein Stall war voll Vieh. Seine Felder trugen schweres Korn. Er wirtschaftete gut. Aber dennoch verkaufte er bald Vieh und Hof und alles, diese Gegend verlassend." Sie erzählte es mit ihren schlichten Worten, so wie nur das Leben selbst es kann.

Diese ringsumher so herrlich friedlich daliegenden Höfe mit ihren stolzen hohen Reetdächern und den roten Backsteinmauern – auch darinnen der Teufel sein Zepter schwingt, und schwache Menschen folgen seiner Gebärde.

Bergen die Wände oder schweben im Weltenraum noch alle geäußerten Laute und Reden? – Soweit sind wir Menschen noch nicht gekommen, Gewesenes einfangen zu können . . .

Nachdem im Jahre 1927 mein Atelier gebaut war – wir wohnten während dieser Zeit auf Seebüllhof –, begann im folgenden Jahr der Bau unseres Hauses. Wir mußten dabei erfahren, wie schwierig in entlegener Gegend eine solche Sache ist und wohl ganz besonders noch bei den urzeitlichen, tief eingefahrenen Kleiwegen hier.

Beim Umzug über die Grenze nach dem Friesischen hinüber ließen wir unsere ländlichen Freunde jenseits, und diesseits waren nur wenige, welche uns zuwinkten. Im Krug Verlath, in Rosenkranz und Ruttebüll und Fegetasch und in der Wiedingharde waren entfernte Verwandte überall, ja oft ich fragte:

„Sind wir auch verwandt?" Das Geschlecht meines Vaters war sehr groß.

Unsere Freunde waren oder wurden: Philipp Adolph in Niebüll, im Elterndorf auf dem Nachbarhof geboren, Hans Dethleffsen auf Freesott und Pastor Katt in Horsbüll, ein begeisterter Verehrer der Kunst und ein besonderer, eigentümlicher Geistlicher und Mensch.

Auch mit Peter Momsen, in dessen Stube wir mein frühes Bildnis der alten Frau Thaysen fanden, gaben sich freundschaftliche Beziehungen, und Andreas Hansen, im Amt und privat, wurde unser lieber Berater in manchen Sachen, die uns nicht lagen. Den schönen kleinen Utenwarfer Garten hatten wir verlassen müssen. Und hier? Es war die Warft mit ihrem Haus, davor der ovalrunde Feting, der während der Jahrhunderte als Wasserbehälter für Tiere und Menschen diente, und sonst nur waren nackte grüne Felder um das Haus herum. Ein Stück solches Grasfeld sollte unser Garten werden, ein hartes Beginnen, aber es mußte gelingen.

Und wie sollte dieser Garten sein? Wir machten Risse, die nichts wurden. Dann aber zeichnete ich zwei Buchstaben hin, A und E, mit einem kleinen Wasser wie ein Schmuck dazwischen, die Buchstaben verbindend. Gar nie-

Grundriß des Gartens in Seebüll,
Zeichnung

Meer E, Gemälde 1930

Zwei Menschen, Gemälde 1945

mand sah in diesen Fußwegen mit ihren Rabatten daneben, was es eigentlich sei. Wir sagten es niemand. Auch als unser Gärtnerfreund aus Mögeltondern forschend fragte, nach welchem Prinzip der Garten angelegt sei, sagten wir nichts.

Wieder standen wir auf unserer Warft Seebüll.

Wie ein Naturwunder waren uns die großen Wolken der Stare, der Tausende, der Hunderttausende, die alle Tage gegen Abend sich auf unseren Feldern sammelten, daß diese ganz schwarz waren. Sie piepsten und redeten miteinander, als ob ein jeder seinem Nachbarn die ganzen Ereignisse des Tages erzählen mußte. Ein rauschender Lärm der Millionen Schnäbelchen. Und dann, an einem Ende beginnend, wie nach festgelegten Regeln, flogen sie hoch, in Massen fliegend, die wunderlichsten lebendigen Wolkenformen bildend, bald dünn und durchsichtig, bald wieder schwarz und wogend, mit drohendem Geräusch, wenn sich der Sperber näherte, seine Beute holend. Die im Gotteskoog-Gebiet Geborenen schauen gern diesem Vogelspiele zu, und der Fremde, der es nicht kennt, steht gebannt in Staun n. – Diese Stare alle kommen aus dem skandinavischen Norden, bei uns in der Reetgegend eine Zeitlang Aufenthalt nehmend, um bei Tag, übers ganze Land verteilt, in kleinen Trupps die Kirschen- und Birnbäume, die Erdbeeren, die Johannis- und Holunderbeerenbüsche zu plündern. Die singenden und jubilierenden kleinen Gäste sind dreiste, gefräßige Räuber geworden; und im Reet, wo übernachtend auf jedem Halm so viele sitzen, bis diese ins Wasser hinunterbiegen und brechen, sind sie auch eine Plage. Unser Nachbar zur Linken geht mit Juchhe auf einen Kessel hauend, sie verscheuchen; der Nachbar drüben auf Broderskoog macht Gleiches auch, und die Millionen Stare kreischend protestieren, fliegen ein kleines Stück, und wieder sitzen sie da. Dies alles vollzieht sich in den Abendstunden, wenn der Wind zur Ruhe gegangen, wenn die Wolken in herrlicher Pracht über den Himmel sich ausbreiten, bis dann es ganz schummerdunkel geworden ist und die Stare nach der gefährlichen Aufregung noch lange wie ein Rauschen hörbar sind, bis dann doch sie ruhig werden, wie auch wir und unsere ganze große, still schlafende Natur. Um sie zu verscheuchen, schießt auch gelegentlich der Jäger mit seinem kleinsten Schrot in den Schwarm hinein; und schlimm ist es, wenn an folgenden Tagen die kleinen angeschossenen Vögel flatternd zu den Bauernhöfen hinhüpfen, ums Haus und im Garten Schutz und Nahrung suchend. Es tut einem weh, wenn alle Augenblicke ein Tierchen mit einem Bein nur oder hängendem Flügel scheu und mühsam davonflattert, ja man kennt bald die einzelnen jeweils mit ihren Gebrechen bis in den Herbst hinein. Wenn im Frühjahr die Kameraden aus Südfrankreich, Griechenland oder sonstwoher wieder übers Land fliegen, dann sind die hiesigen zurückgebliebenen armen, kleinen Biester alle längst verkommen. – In den nordischen Landen, wo sie geschont werden, singen und jubeln und brüten sie, die Menschen erfreuend; bei uns, in ihren Millionenschwärmen, die dauernd größer werden, sind sie eine Landplage geworden – und schön ist es trotzdem.

Von den anderen Vögeln, dem Kiebitz, dem Austernfänger, den Schnepfen allen und den Bekassinen, den Möwen hinterm Pflug, den Enten in vielen Arten, den Wildgänsen und den singenden wilden Schwänen, den Reihern und dem Kranich, die jeden und wohl besonders den Maler erfreuen, ließe sich viel noch sagen, denn ein jedes Tier hat sein Eigenleben, sie alle leben in Glück und Kampf wie auch wir Menschen.

Die kleinen Schwalben haben wir besonders gern. Sie bauen an unseren Türen und den Wänden unterm Dach, sie umflattern an schönen Herbstabenden unser Haus, bis dann plötzlich sie alle nicht mehr da sind, sie sind dann verzogen, die flinken kleinen Tierchen, ohne Karte und Gepäck über die Alpen hinweg, dorthin, wo es keinen bösen Winter gibt . . .

Gerade diese kleinen, so lieben Wesen haben viele Feinde. Die schwarze böse Katze schleicht im Garten umher, erbarmungslos alles erwürgend, was sie im Sprung mit ihren spitzen Krallen erfassen kann.

Und huschend durch den Garten fliegt die Elster, dieser schwarz-weiße schöne, böse Räuber, gefürchtet von allen den Vögelchen, die in unserm kleinen Gartenparadies singen, ihre Nester bauen, die da trillern und jubeln wie im schönsten Glück.

Eine Entwässerung des Gotteskoogs-Gebiets wurde auch hier durchgeführt, viel Land gewinnend oder verbessernd, doch die Urschönheit nehmend. Mein ganz einfacher klarer Plan, der die Schönheit der Landschaft erhalten und gesteigert und den wirtschaftlichen Nutzen nicht beeinträchtigt hätte, fand Interesse, aber nicht genügend. Es wäre schön geworden, doch mochte und konnte ich nicht Zeit und Gabe hierfür geben.

Male, Maler!

Aber einen Weg über Morast und Sielzug mit einer kleinen weißen Brücke bauten wir, einen Teil Schönheit erschließend; auch gab er uns die Möglichkeit, im Winter auf unserem Seebüll wohnen zu können.

Die Winter immer wieder reisten wir nach Berlin, dort mit Freunden und Menschen Gedanken wechselnd über Geschehnisse und Kunstfragen; wir waren gern dort, das Besondere der Großstadt suchend, das künstlerisch Beste: Konzerte, Theater, Vorträge. Manche jungen Maler kamen uns besuchen während dieser Zeit.

Heinz Thiele, ein junger blonder Mensch, brachte eine von ihm geschriebene Abiturientenarbeit über Emil Nolde. Wir mochten den jungen, feinsinnigen und intelligenten Menschen gern. Er blieb während ein paar Jahre bei uns, er studierte Kunstgeschichte und hütete, wenn wir auf Reisen waren, unsere Wohnung. Wir glaubten, daß er bei uns für immer bleiben werde, er aber ging, seiner besonderen Neigung folgend, zur Schauspielkunst, und damit trennten sich unsere Wege. Meine Ada hatte sich lieb und fürsorglich viel mit ihm und seinen Zukunftsproblemen befaßt.

Am Westmeer

1930.

Das kleine Hülltofttief, der kleine vor unseren Fenstern liegende See, hatte eine wohl mehr als einen Meter tief gefrorene Eisdecke. Der Nachbar Peter Petersen lieferte seine Strohfuder, mit den schwarzen Ackerpferden über das Eis des Sees hinüberfahrend, und auch Autos fuhren darüber hinweg. Das alles war außergewöhnlich.

Unser neues, eben gebautes Haus hatte eine schwere Probe zu bestehen, die es nicht bestehen konnte. Die Grundmauern waren zu wenig tief, der Frost ging unter sie, den Bauch hochhebend. Es entstanden Risse überall, innen und außen. Auch trieb der Wind den Regen durch die Fugen, so daß man in Eimern das Wasser hinaustragen mußte.

Wir waren in Berlin und entsetzlich überrascht, dies alles, als wir nach Hause kamen, hören und sehen zu müssen.

Unser liebes schönes Haus war uns keine Freude mehr, es war uns eine schwere Sorge geworden. – Was nun sollten wir tun? Die Augen waren uns geöffnet, unser dem Bauherren gutgläubig geschenktes Vertrauen war mißbraucht worden.

In all meiner unpraktischen Harmlosigkeit jedoch war mir etwas Merkwürdiges passiert: ich hatte beim Vergeben des Baues die Zusage vom Unternehmer erhalten, daß es ein „besonders guter Bau“ werden solle und auch, daß ich keine Rechnungen zusätzlich erhalten solle; ich dafür zahlte ihm, ohne zu handeln den vollen veranschlagten Betrag – was er vielleicht noch nicht erlebt hatte!

Nun aber war der „besonders gute Bau" ein schlechter geworden. Wie sollte ich mit dem gewandten Unternehmer verhandeln? Ich mochte es nicht. Georg Rieve jedoch, ein sehr befähigter Architekt, kam mir zu Hilfe, anordnend, daß die Grundmauern ringsherum Untermauerung erhielten und daß Fenster und Türen vor dem Hineinregnen geschützt würden. Das waren Vorschriften, die der Unternehmer ausführen mußte.

Während der Monate des Geschehens konnte ich unmöglich Ruhe zur schaffenden Arbeit finden. Wir entschlossen uns, nach Westerland auf Sylt zu fahren; wir fuhren nach Hörnum mit der Klingelbahn, eine seltsame schlängelnde Fahrt, und wir fuhren auch nach List. In Kampen glaubte ich wohnen und arbeiten zu können, während meine Ada daheim beim Haus und dem Bauen verblieb, beim Bauen mit allen seinen vorher unberechenbaren Unannehmlichkeiten! Es war nicht schön, es war kein leichter Entschluß.

Ich hatte den Wunsch, möglichst allein und nur beobachtend zu leben und zu malen, und besonders gern wollte ich wieder einmal das Meer in seiner ganzen wilden Größe sehen und erfassen.

Mit meinen Farben, den Papieren und Leinen war ich nach Kampen gekommen. Ein Fenster, übers Meer schauend, hatte ich gefunden, ja sogar in einem Giebel ein kleines eigenes und schönes Atelier.

Vorerst ein wenig Umschau haltend, kam ich wandernd nach der Vogelkoje mit ihrem knorrigen, verzaust gewachsenem Gestrüpp und dem Allerlei um den Fänger herum, der mit seinen Lockenten die Hunderte und Tausende, oben vom Nordkap oder von dort irgendwo kommenden Krickenten in seinem Netz zu fangen suchte: „Einige der alten lasse ich wieder fliegen", sagte er, „sie kennen den Weg und kommen im nächsten Jahr wieder mit all den jungen – und wieder lassen sie sich fangen!"

Ich ging während der folgenden Tage noch umher am Strand am Meer, und in den Nächten mit den Sternen ich sprach, mit den kleinen, den nahen, den fernen, den tausend Lichtjahre fernen.

Ich frug, ob sie uns Menschen wohlgesinnt seien, ob sie uns beeinflussend beglücken und ob sie mit ihren fernen Schwingungen Menschenschicksale mitbestimmen? –

Wir Menschen sind alle den Sternen gut . . .

Was fruchtet alles Denken.

Manche, die im irdischen Irren und Wirren sich nich[illegible] gern in die vielfachen Gebiete religiösen Glauben[illegible] den unendlich fernweltlichen Sternen.

Nicht Zerstreuung ich suchte, sondern Sa[illegible]

Einige Tage vergingen, und dann in Er[illegible] zeichnend und malend.

Es war, als ob die freie Luft, de[illegible] mich spornten und beglückten

Herzlich frisch und stärk[illegible] festen Sand das Meer er[illegible]

Ich war aufgetan empfänglich jeder[illegible]

Die Wogen Dünen, das[illegible]

Und d[illegible] umhe[illegible]

sc[illegible]

Si[illegible] seltsam

Ich beg[illegible] Farben es wa[illegible] die Menschen.

Badende,
1925,
Holzschnitt

Gespräche sich gaben und Diskussionen. Einblicke erhielt ich in manche Ereignisse und in die ganze tiefe, leichte, glückliche und unglückliche Menschheit, wie sie auf Erden lebt und leidet.

Menschen und Menschen sind meine Bilder in ihrer aller Verschiedenheit, ihrem Aussehen, ihrem Gewand, ihrem Charakter, ihrem Seelenleben.

Einen Pianisten mit seiner Löwenmähne malte ich während seiner eigenen Akkorde, und auch die herrlichen Kompositionen unserer großen deutschen Musiker den Raum füllten.

Kinder malte ich, wie kleine Tierchen im graugelben Sand krabbelnd, am Strand laufend, in den Wellen plätschernd.

Blumen brachten mir junge Menschen, so schön wie dort sie selten sind, ich konnte sie brauchen für meine Bilder. Ich malte, was sich vor meinen Papieren und Leinen zeigte: die Wolken, die Wogen, eine Dünenphantasie und dann meine leidenschaftlichen Meerbilder mit Sturzwellen und Gischt.

Ich sah die erregte und wilde Schönheit, die abends ihre Feuerfinger über den Himmelsbogen ziehen läßt in letzten schwebenden Wolkenstreifen, in loderndem, glühendem Farbenwechsel vergehend.

Ich fühlte die Schwüle der Stunde, ich fühlte sie wie Glut und Funkensprühen, malend, malend in naturgetreuer, gehorsamster Empfindsamkeit, wie erhaltenen Befehlen gehorchend.

Und dann ging es den langen, langen Weg der Westküste entlang auf dem glatten Sand am Strand, bis wieder ich zurückkam zu meinem lichten, lieben Bilderraum, müde, müde.

Am folgenden Tag stand ich wieder malend, getreu wie ein Tagelöhner alle Tage, alle Stunden, bis wieder wandernd ich ging nach der Spitze von List, zu dieser seltsamen schweren menschenleeren Natur mit dem drohenden, gellenden Geschrei der Raubmöwen.

Monate waren vergangen, die vielen Menschen verzogen. Es ging gar schnell. Ich war fast ganz allein noch geblieben. Der Herbst war gekommen, die Tage kurz. Gewitterwolken kamen gezogen mit Hagelschauern, – die Blitze fahrend ins Meer.

Mein Sinnen war stumpf, mein glücklicher Frohsinn vorbei, wie im Lebensherbst es oft und quälend so sein kann. Sechs Meerbilder hatte ich stehen in

Mühle, Gemälde 1924

Landschaft Nordfriesland, Aquarell

Kühe in der Marsch, Aquarell

Mühlen in der Marsch, Aquarell

Seebüll mit Wolkenhimmel, Aquarell

Hohe See, Aquarell

Meer, Aquarell

Farben naß und fertig, fast fertig, bis zur Ekstase daran noch arbeitend und immer, immer wieder sie prüfend anschauend.

Ich stand am Strand mit breiter nackter Brust dem Meer gegenüber und dann in die Lappen gehüllt, die wir Kleider nennen. Ich stand im Sturm mit knirschendem Sand zwischen den Zähnen. Und dann wieder war ich melancholischen Grübeleien verfallen, träumend hin und her in dumpfem Sinnen. Ich ertrug den grauen Herbst und die Schwere der Einsamkeit nicht mehr.

Ein Wilder läuft den Strand entlang im weißen Nebel, der den Wogen folgt.

Die Brecher grollend glitten schäumend hoch, im Sand hinan, ihre großen nassen Bogen zeichnend, wie Schuppen übereinander hinlegend. Die graugelbe Gischt springend, sich überschlagend, endend zwischen den gepeitschten Strandhalmen.

Ich ging, ich lief, es war kalt, an den grausig ausgestorbenen Gasthäusern vorbei, nach meinem Raume hin mit seinen Bildern drin.

In den Nächten spürte ich den blassen, kalten Mond, im Schlaf und Traum mich störend, und die Leuchtfeuer blinkten.

Wein trank ich, als ob ich Trinker wäre. Und schrieb Zettelchen, lose schwebende Empfindungen:

„Für den Künstler ich ringe. Die Kunst bleibt und ist unendlich viel mehr als das bißchen Mensch, das ich bin."

„Das augensinnlich Geschaute vergeistigt neu entstehen lassen, das ist die Gunst meiner Gabe, mein Glück."

„Ich bin nicht nur für mich da, bin da für meine Kunst und für die Menschen – bescheiden dienend."

Es war fast ganz wie einst, als ich auch am Westmeer wohnend die ganze Schwere der Einsamkeit nicht zu ertragen vermochte, bis dann ich hinüberglitt zu der Geliebten meiner Seele, meines Lebens.

Es waren Spannungen, Spannungen damals und jetzt, die den Künstlermenschen hinwerfend bedrohen, beglücken oder töten, alles an der Grenze – wo der Bogen biegt oder bricht.

Die Menschen haben es leicht, die langweilig sind im Sein und Denken, die Kälte, Glück und Feuer nicht kennen.

Wehmütig dachte ich übers Wattenmeer hinweg, hinüber, wo daheim auf unserem Seebüll meine Geliebte war, mit fremden Menschen sich mühend und sehnend sich nach ihrem Maler, der viel und vielzulange in der Fremde blieb.

Die Vogelkoje mit ihrem verträumten Zauber besuchte ich noch einmal und dann, es war genug. Unfertig blieb mein letztes großes Bild: Es waren die verschwundenen vielen plätschernden, jubelnden, Erfrischung suchenden Großstadtmenschen, die Badegäste, die ich möglichst viele auf mein Leinen hinmalen wollte, dessen Breite aber nicht genügte, und ich schnitt einen Teil wieder weg.

Ein kindlich dummer Reim aus meiner zaghaften frühesten Zeit plagte mich:

Tausend Schwäne schwimmen im kleinen Teich,
Ein Maler sitzt so still, so stumm und bleich,
Er malt die tausend Schwänelein,
In ein kleines Bild hinein,
Sind das nicht gar zu viele?

Wintersonne suchend

Gesundheitlich war es mir nicht gut ergangen, mein Gesicht war blaß und gelb. Die einstigen Besteigungen in den Schweizer Hochalpen, die mir nach Jahren in den staubig trüben Berliner Fabriken die Gesundheit wiedergegeben hatten, lagen weit, weit zurück. Mir war nicht wohl. Wir waren in Berlin. Ein Arzt als Freund sandte mich nach Hamburg. Ich lag im Eppendorfer Krankenhaus zwischen Leben und Tod die langen Monate, bis dann doch ich mich aufrichtete und schließlich entlassen werden konnte. Die Fürsorge dreier Menschen rettete mich: die dauernde Anwesenheit und Liebe meiner Ada, das sorgende schöne Verständnis Professor Bergs und besonders das operative Können Professor Konjetznys vollbrachten das große Wunder. Die kleine Christa Kaps saß als Schwester die langen Nächte neben meinem Fieberlager. Wenn ich in Schmerzen klagte, frug sie, was mir fehle. „Ich bin so krank", sagte ich nur, „mir ist leichter, wenn ich es klagend sagen kann."

Das war 1935.

Als nach der glücklich überstandenen Operation ich wieder mich bewegen konnte, trieben Sehnsucht und Wollen mich nach der Schweiz, die Höhe und die warme Wintersonne suchend. Der liebe Jugendfreund Hans Fehr führte uns zum Dolder hinauf, wo wir gut aufgehoben, neu dem Leben zugewandt, glücklich wohnten. Zu den blendend verschneiten Bergen schauten wir hin und zum Uetliberg hinüber, dahinauf des öfteren einst Gottfried Keller und Arnold Böcklin gestiegen waren, um ihren Weinschoppen zu trinken, bis wankend sie wieder unten waren. Wir auch schauten den Gästen zu, es waren in dieser frühen Frühlingszeit nur wenige. Eine ältere, lebhafte Großmutterdame faßte eines ihrer Enkelkinder an jeder Hand gehend, schaukelnd die Arme schwingend riefen sie: „Uns gehört die Welt, uns gehört die Welt!" Und wieder schauten wir durch die große, weite Fensterreihe zu den sprühenden, in der Abendsonne glühenden, leuchtend farbigen Wolken hin. Es war schön. Und dann auch bald etwas Schaffenskraft mir wiedergeboren sich regte.

Die wohltuende Heilkraft der reinen, winterlichen Höhenluft war uns bisher unbekannt geblieben, abgesehen von einem schnellen Besuch im Riesengebirge, wo uns in Schreiberhau die Spuren und das Leben der Dichterbrüder Carl und Gerhart Hauptmann begegneten. Leider war Carl Hauptmann damals schon dem Irdischen entwichen, nur seine Gattin uns geblieben und beider seltsames kleines Töchterchen Monika.

Jeweils während einiger Wintermonate reisten wir alljährlich hinauf in die winterliche Welt der Berge, gesundheitlich Stärkung suchend . . . Aber auch immer führte ich meine Aquarellfarben mit, malend, wo ich es konnte, die Schneeberge, die Wolkenschönheit, die Wettertannen.

Als wir in einem dieser Jahre in Zürs waren, erlitt am ersten Tag meine Ada einen Knöchelbruch. Sie holperte mit Gipsverband an meinem Arm gelassen umher, und dann reisten wir zu unseren Freunden durch die Schweiz und Deutschland, bis wir oben in unserem Heim in Seebüll waren, – wo im Garten die Frühlingsblumen schon blühten.

Im Winter danach, über Chur, Ragaz und Klosters kamen wir nach Cellerina. Vor unseren Fenstern die Eisbahn, wo vormittags die Eiskünstler und Künstlerinnen liefen und nachmittags alle sich tummelten. Eine Engländerin alle Morgen, alle Tage ihre eleganten Bewegungen übte. Auch ich übte nach ihr auf meinen Papieren, ihre Kühnheiten fassen wollend. Das war nicht leicht. Sie konnte mehr als ich. – Dann eines Morgens stiegen meine Ada und ich führungslos die Hänge hinan weiter und weiter im weichen Schnee, bis wir müde, müde nicht mehr konnten und glaubten, in einem Schneebett schlafen zu müssen; kriechend aber doch kamen wir über den tiefen, weichen Schnee hinweg wieder in eine Talfläche hinunter. Und wieder mit den Malsachen stand ich auf einer Terrasse beschäftigt, die grandiosen Bergmassen malend. Meine begonnenen Blätter lagen in der Wintersonne trocknend umher, als zwei junge, lebhaft angezogene Gaukelsänger sich uns vertraulich als „Künstlerkameraden" zugesellten. – Zur anderen Seite von St.Moritz hinauffahrend, malte ich den Schafberg, wo oben das Häuschen Segantinis ein klein wenig sichtbar war. Seine Spuren begegneten einem wiederholt, und man sah die Berge und Tiere und Menschen, wie er sie mit seinen eigenwilligen Augen gesehen hatte. Im runden Turm von St.Moritz sahen wir sein Museum. –

Die feine, junge Frau Werner Fehr besuchte uns in Cellerina, und dann sahen wir sie nicht mehr, sie mußte sterben. Auch Werner Fehr nachher, im Leben verstrickt, ging zu den Toten hinüber.

Wir reisten nach München und waren Gäste der Kunstfreunde Döhlemann und seiner jungen Frau. Um uns herum an den Wänden hingen meine Bilder. Es wurde ihm ernstlich verübelt, einen „entarteten" Maler in seinem Heim aufgenommen zu haben. Immer wieder mußten die Freunde meiner Kunst mehr oder weniger mitleiden. –

Es mag ein Jahrzehnt vorher gewesen sein, daß der Maler Caspar in München einen Ausstellungsraum mit meinen Bildern anordnete. Auch er mußte deswegen üble Feindschaft erfahren.

Menschliche und künstlerische Schwingungen brachten uns dem Bildhauer Knappe nahe, und an einem Abend im kleinen gemütlichen Hotelraum saßen wir, eine Reihe gleichgesinnter Menschen, um einen stattlichen runden Tisch. Der Intendant Schweikart war da, und auch seine Frau, die viel bewunderte Schauspielerin Niklisch war dabei. Sie war schön mit ihrem hellen, rotleuchtenden Haar und dem fein gefärbten Gesicht, alles künstliche Natur; es war mir, als ob ich ein seltsam Kunstwerk anschaute. Auch unsere liebe „Mäuz" war da, die einstige stolze schöne Herrin von Hohenhof und dem Folkwang-Museum in Hagen. Wir fuhren am Tage nachher zu ihr und ihrem Mann hinaus, nach Kasten am Inn, wo sie wohnten, ländlich und kultiviert, Edeldung fördernd, tausende Küken züchtend und zwischen einigen wenigen auserlesenen Kunstwerken sich glücklich fühlend.

Wir fuhren von dort nach Kitzbühel hinauf und gingen umher, eine Wohnstätte suchend. Im Grand-Hotel war der große Weltbetrieb der Skiläufer an diesem Sonntagnachmittag versammelt, und allabendlich saßen sie da. Die sportlich aufgeputzten Wiener jungen Frauen und Mädchen und wohl auch von anderswoher, heiter plaudernd, kreischend mit ihren rotbemalten Lippen, saßen den Kaffee schlürfend. Sie mußten laut sprechen, denn die Dudelmusik spielte unentwegt, und die Luft war vollgeraucht zum Schneiden dick. – „Was ich des Tags verdien an meiner Leier, das geht des Abends wieder in den Wind." Diese burleske Strophe klang in meinen Ohren, ich verglich sie mit der so eifrig betriebenen und ebenso eifrig vergeudeten Erholung der vielen. Aber „Herrlich war es!" jubelten die vielen jungen Stadtmenschen.

Uns beide legte die Grippe dort nieder. Üble Mitteilungen von der Reichskunstkammer zu allem anderen uns quälten. Dann aber allmählich verflog das Fieber, und eines schönen Tages konnten wir nach Hahnenkamm hinauffahren, und ich saß, trotz allem doch, in blendend warmer Wintersonne vor den weißen Massen der Schneeberge und malte.

Als wir wieder heimwärts fuhren, war es in Reichenhall bereits grün. Wir gingen und standen umher gelangweilt und tranken Wasser. Bis dann wir in Berchtesgaden den Watzmann mit seiner Bergfamilie schauend genossen, und mit einer kleinen Dampferfahrt auf dem bergumlagerten Königssee verabschiedeten wir uns von hier.

In Dresden wieder lag ich darnieder grippekrank im Hause lieber Menschen, bis ich nach Berlin fahren konnte.

Das war 1941.

Im folgenden Jahr schwanden die Kräfte meiner geliebten Frau, sie reichten nicht mehr zur Fahrt nach unserem stillen Seebüll, wo wir so gern in Ruhe leben wollten. – In Hamburg verblieb sie viele, viele Monate herzkrank liegend im Krankenhaus, da wo auch ich gelegen war. Die ganze erregende Unruhe der vorangegangenen Jahre mit allen ihren Widrigkeiten, die grimmig einsetzende Schmähung meiner Kunst, die auch ihre war, und dazu noch der an Gemüt und Seele zehrende unglückselige Krieg hatten ihr so lieb und lebhaft pochendes Herz in seiner physischen Kraft geschwächt und zerrüttet. Wieder war Professor Berg ein uns neues Leben spendender Freund.

Ächtung

Wolken waren am deutschen Himmel erschienen mit grellen Strahlungen dazwischen. Es wurde viel gesprochen und erregende Reden und Versammlungen füllten die Zeit. – Ich kümmerte mich anfänglich um nichts, schaute späterhin aus der Ferne still dem Geschehen zu, bis anschließend dann auch auf eigenstem Gebiet in der Kunst von Neuordnung geredet und große Versprechungen gemacht wurden. Eine ungekannte große Zukunft wurde der Kunst prophetisch verkündet. Wir oft gutgläubigen und etwas weltfremden Künstler wußten nicht recht, was geschah. Alle, fast alle, lebten in Spannung, voll Erwartung. Dabei erfuhr ich, daß auch mein Name genannt wurde. Ob im guten oder schlechten Sinn, das wußte ich nicht. Aber große Kunstarchitekturen wurden projektiert – und das Griechentum in allen Künsten als Vorbild hingestellt, wie es schon mehrmals zuvor geschehen war. Ich mochte dies nicht. Und viel weniger noch ihren vermessenen Spruch, daß sie Künstler züchten würden.

Der Herbst führte uns nach Berlin. Die Luft war schwül. Künstler kamen und gingen. Auch ein Beauftragter des Kultusministeriums erschien, mich fragend, ob ich den Präsidentenposten der staatlichen Kunstschulen übernehmen wolle? Ich antwortete: „Das kann ich nicht, das Repräsentative liegt mir nicht." Dann frug er, ob ich die Professur in der Akademie, die Slevogt gehabt habe, wolle? Ich sagte: „Nein – ich muß freier Künstler bleiben." Nach dieser freimütigen Ablehnung wurden, zu fast gleicher Zeit, unter der Oberfläche liegende, wie damals ich noch glaubte, durch Mißgunst und Neid entstandene Strömungen spürbar.

Die Verfolgung meiner begann.

Sie war diktiert. In öffentlichen Vorträgen mit Lichtbildern nach unseren Werken wurde unsere freie, endlich deutsch gewordene Kunst geschmäht und erniedrigt. Die Bezeichnung „Kulturbolschewismus" wurde geprägt. Der Moskauer Rundfunk beschäftigte sich mit Barlach und Nolde, uns verteidigend, ich selbst habe es nicht gehört. Aber ganz gegen Willen und Wollen stand ich nun mitten im offiziellen Streit der Meinungen, der so gar nichts mit wirklicher Kunst zu tun hatte.

Kurze Zeit danach wurde uns jüngst gewählten Mitgliedern der Preußischen Akademie nahegelegt, die Mitgliedschaft freiwillig aufzugeben. Wir taten es nicht. Der damit verbundene Professorentitel wurde uns verweigert, und die kulturellen Bestrebungen der Akademie wurden auf ein totes Geleise geschoben.

Nachdem wieder eine kurze Zeit vergangen war, erschien ein Geheimerlaß, daß die Namen der Künstler Barlach, Nolde, Marc, Kokoschka und Kubin fortan in der gesamten deutschen Presse nicht genannt werden durften.

Als diese immerhin noch erträglichen Maßnahmen gegen uns sich als nicht genügend wirksam erwiesen, wurde in München die Ausstellung für sogenannte „Entartete Kunst" angeordnet und eröffnet, begleitet von erniedrigenden Schmähungen. Merkwürdigerweise waren von den Künstlern südlich der Maingrenze fast keine Werke ausgestellt, hingegen von den Norddeutschen viele, viele und von mir, dem Nördlichsten, die meisten.

Neben den Gemälden und Aquarellen wurden aus allen Sammlungen und den Kupferstichkabinetten meine vielen Graphiken zusammengeholt, und damit wurde die Zahl meiner „entarteten Werke", die in ihren Händen waren, auf 1052 gebracht.

Massen von Menschen wurden zum Besuch der „Entarteten Ausstellung" hinbefohlen, die Kunstwerke waren in schlechtem Licht so schamlos schlecht gestellt und gehängt, als es möglich war. Grelle, rote Zettel mit boshaften Sprüchen allerlei und maßlos willkürlich gesteigerte Ankaufspreise mit Inflationszahlen hingegen überall und möglichst störend. Das Ganze war niedrige Handlungsweise, und es ist kaum faßbar, daß manche Künstler sich zur Mithilfe bewegen ließen.

Friesengehöft am Kanal, Gemälde 1935

Wabenkröten, Aquarell 1925

Aal und Axelotl, Aquarell 1923/25

Glockenblumen, Aquarell

Lebensreife, Gemälde 1933

Zu fast gleicher Zeit wurde im neuerbauten „Haus der Deutschen Kunst" in hohen, lichten Räumen eine Ausstellung belangloser Durchschnittsbilder und Plastiken mit langen, kunstfernen Programmreden eröffnet. Die Preise dieser Werke wurden ums Zehnfache erhöht, und den deutschen Großfirmen und den Industriellen wurde befohlen, für große Summen ausgestellte Werke, die sie gar nicht haben wollten, zu kaufen. In der Presse erschienen daraufhin Berichte von so gewaltigen Ankäufen, daß die Bilder durch neue ausgewechselt werden mußten. – Ein ähnlich beschämender Kunstschwindel unter staatlichem Deckmantel war wohl nie dagewesen. Eingeleitet wurde er durch einen prunkvoll banalen Triumphzug durch die Straßen Münchens, und ausgelassene, berauschende Künstlerfeste wurden gefeiert, wie leicht begabte Künstler sie blendend zu gestalten wissen.

Die „Entartete Ausstellung" feierte in ihren bescheidenen Räumen keine Orgien, und es muß erwähnt werden, daß unter den gezeigten Werken eine Anzahl Experimente und fragwürdige Versuche – wie sie Künstlern gestattet sein sollen – hereingeholt waren, die in Kellern und Depots der Museen – aus den vordem schon ausrangierten Beständen – gefunden wurden . . . Alles war plumpe Berechnung.

Es wirkte weiter. In Mannheim war eine Ausstellung meiner Bilder eröffnet worden, zu der der Präsident der Reichskunstkammer und drei weitere Herren hinreisten, um sie zu schließen und dem Veranstalter zu verbieten, Werke meiner Hand zu verkaufen. Gleiche und ähnliche Maßnahmen wurden gegenüber einer Galerie in Düsseldorf und allen weiteren Kunsthandlungen und Ausstellungen in Deutschland durchgeführt.

Ich schrieb Briefe, mich schärfstens wehrend, sagend, so viel ich sagen konnte und durfte. Ich schrieb, daß ich als geborener Bauernsohn von neun hintereinander, auf gleichem Hof wohnenden Geschlechtern der erste sei, welcher vom Dorf in die Welt hinausgezogen wäre, ich sei nicht „entartet", meine Kunst sei gesund und stark, sie enthalte keine „Übertreibungen oder Spitzfindigkeiten, keine gewaltsame Stilisierung oder geringste Anzeichen von Dekadenz oder Schwäche." Ich schrieb, daß es mir gewiß nicht zustehe, dies selbst zu sagen, nur durch die Verhältnisse gezwungen, müsse ich es tun.

Auch frug ich, ob nur in der Wirtschaft, der Technik, der Politik Erfindungen und Neuerungen gestattet seien, ob, wenn ich wirklich etwas Außergewöhnliches gemalt haben sollte, dies ein Fehler sei?

Mit geistigen Waffen war nichts zu erreichen. Das geschmackliche Niveau der Herrschenden war erschreckend niedrig.

Ihrem kulturellen Dilettantismus sollte nun alle Kunst untergeordnet werden!

Es war alles so trostlos häßlich. Und nicht einmal eine Antwort war ein „entarteter Maler" wert. Dazu noch wurden wir Künstler in großen, öffentlichen Reden „Betrüger" und „Schweine" genannt, und der oberste Parteirichter in München erklärte: „Die Maler dieser Bilder gehören an die Wand gestellt!"

Anständigkeit und Moral sanken tief. Partei und Parteiigkeit regierten. Phrasen und Pathos triumphierten.

Das geistige Deutschland litt schwer.

Die „Entartete Ausstellung" ging von München nach Berlin und dann überallhin in die größeren deutschen Städte. Mir kamen viele Schreiben zugesandt voll Anerkennung meiner Kunst, und ihre Freunde wehrten sich im ganzen Reich.

Mit dem Zeigen meiner Bilder auf den üblichen Ausstellungen war ich immer zurückhaltend gewesen, ich tat es schließlich gar nicht mehr, und nun sahen die Menschen meine Bilder, und sie wußten, trotz allen böswillig erdachten Beeinflussungen, den künstlerischen Wert zu erkennen. Es wird manch anderer Künstler das Gleiche erfahren haben, soweit sie nicht schon leidend gestorben waren. Barlach, Kirchner, Klee, Jawlensky, Kandinsky, Leo von König, und auch Rohlfs starben in dieser zerrütteten Zeit. Kokoschka, Feininger, Beckmann und andere waren ins Ausland geflohen . . .

Als die Diffamierung zum „Entarteten" sich als nicht genügend wirksam zeigte, kamen erneute Maßnahmen:

Es wurde verlangt, daß ich meine Produktion der letzten zwei Jahre der Reichskunstkammer einsenden sollte . . .

Ich lag grippekrank in Kitzbühel, dahin wir gereist waren, und konnte es nicht. Die Aufforderung wurde wiederholt. Briefe und Briefe kamen wie Hiobsboten ins Krankenzimmer geflogen. Sie wurden befehlend und strengstens drohend.

Unsere uns liebe Freundin Gertrud Goehrke, die mit uns, uns helfend, in die Höhenluft gereist war, übernahm die schwierige Reise nach Seebüll, Bilder zu holen. Wir übergaben diese der Reichskammer, weitere erhielten sie von Kunsthändlern. 54 weitere meiner Werke waren nun auf diese Art zu ihnen gekommen. – Ich habe sie nicht wiedergesehen. Wo sind sie geblieben?

Ein Herr aus einem Ministerium kommend, sah bei unseren Freunden einige meiner Bilder hängen. Überrascht und harmlos erzählte er: „Von Nolde haben wir an den Wänden im Ministerium Werke hängen." – Also dazu waren sie gut genug, meine Bilder.

Und die vielen den Museen entzogenen Werke, wo sind sie geblieben?
Ins Ausland versteigert, im geheimen verschachert, und viele sind verkommen.

Als Folge der Beurteilung meiner Bilder durch die Reichskunstkammer der bildenden Künste erhielt ich den folgenden Brief:

Berlin W 35, den 23. August 1941

Anläßlich der mir seinerzeit vom Führer aufgetragenen Ausmerzung der Werke entarteter Kunst in den Museen mußten von Ihnen allein 1052 Werke beschlagnahmt werden. Eine Anzahl dieser Ihrer Werke war auf den Ausstellungen „Entartete Kunst" in München, Dortmund und Berlin ausgestellt.

Aus diesen Tatsachen mußten Sie ersehen, daß Ihre Werke nicht den Anforderungen entsprechen, die seit 1933 an das Kunstschaffen aller in Deutschland tätigen bildenden Künstler – einschließlich den im Reich lebenden Künstlern anderer Nationalitäten oder Volkszugehörigkeit – gestellt sind. Die hierfür geltenden und vom Führer in seinen programmatischen Reden anläßlich der Eröffnung der „Großen Deutschen Kunstausstellungen" in München seit Jahren wiederholt klar und eindeutig herausgestellten Richtlinien zur künftigen künstlerischen Haltung und Zielsetzung kultureller Förderung in Verantwortung gegenüber Volk und Reich, mußten auch Ihnen bekannt sein.

Wie die Einsichtnahme Ihrer hergereichten Originalwerke der Letztzeit ergab, stehen Sie jedoch auch heute noch diesem kulturellen Gedankengut fern und entsprechen nach wie vor nicht den Voraussetzungen, die für Ihre künstlerische Tätigkeit im Reich und damit für die Mitgliedschaft bei meiner Kammer erforderlich sind.

Der Präsident
der Reichskammer der bildenden Künste

Berlin W 35, den 23.August 1941.
Blumeshof 4-6
Fernsprecher: 21 92 71
Postscheck-Konto: Berlin 144430

Aktenzeichen: II B/ M 2603/1236
(In der Antwort anzugeben)

Herrn
Emil N o l d e
Berlin-Charlottenburg 9
Bayernallee 10

Einschreiben!
=============

Anlässlich der mir s.Zt. vom Führer aufgetragenen Ausmerzung der Werke entarteter Kunst in den Museen mussten von Ihnen allein 1052 Werke beschlagnahmt werden. Eine Anzahl dieser Ihrer Werke war auf den Ausstellungen "Entartete Kunst" in München, Dortmund und Berlin ausgestellt.
Aus diesen Tatsachen mussten Sie ersehen, dass Ihre Werke nicht den Anforderungen entsprechen, die seit 1933 an das Kunstschaffen aller in Deutschland tätigen bildenden Künstler - einschliesslich den im Reich lebenden Künstlern anderer Nationalitäten oder Volkszugehörigkeit - gestellt sind. Die hierfür geltenden und vom Führer in seinen programmatischen Reden anlässlich der Eröffnung der "Grossen Deutschen Kunstausstellungen" in München seit Jahren wiederholt klar und eindeutig herausgestellten Richtlinien zur künftigen künstlerischen Haltung und Zielsetzung kultureller Förderung in Verantwortung gegenüber Volk und Reich, mussten auch Ihnen bekannt sein.
Wie die Einsichtnahme Ihrer hergereichten Originalwerke der Letztzeit ergab, stehen Sie jedoch auch heute noch diesem kulturellen Gedankengut fern und entsprechen nach wie vor nicht den Voraussetzungen, die für Ihre künstlerische Tätigkeit im Reich und damit für die Mitgliedschaft bei meiner Kammer erforderlich sind.

Auf Grund des § 10 der Ersten Durchführungsverordnung zum Reichskulturkammergesetz vom 1.11.33 (RGBl.I, S.797) schliesse ich Sie wegen mangelnder Zuverlässigkeit aus der Reichskammer der bildenden Künste aus und untersage Ihnen mit sofortiger Wirkung jede berufliche - auch nebenberufliche - Betätigung auf den Gebieten der bildenden Künste.
Das auf Ihren Namen lautende Mitgliedsbuch M 2603 meiner Kammer ist ungültig geworden; Sie wollen es umgehend an mich zurücksenden.

gez. Ziegler

Reichskulturkammer
Reichskammer
der bildenden Künste

Beglaubigt:
Doehring

Brief der Reichskunstkammer vom 23. 8. 1941

Auf Grund des § 10 der Ersten Durchführungsverordnung zum Reichskulturkammergesetz vom 1. 11. 33 (RGBl. I, S. 797) schließe ich Sie wegen mangelnder Zuverlässigkeit aus der Reichskammer der bildenden Künste aus und untersage Ihnen mit sofortiger Wirkung jede berufliche – auch nebenberufliche – Betätigung auf den Gebieten der bildenden Künste.

Das auf Ihren Namen lautende Mitgliedsbuch M 2603 meiner Kammer ist ungültig geworden; Sie wollen es umgehend an mich zurücksenden.

gez. Ziegler.

Drei Monate später kam vom gleichen Amt ein Schreiben, unter Hinweis auf allerlei Gesetzesparagraphen mir Verbreitung und Vervielfältigung meiner zur Begutachtung eingereichten „Erzeugnisse" verbietend und daß sie diese: 7 Gemälde, 1 Litho und 46 Aquarelle, durch die zuständige Polizeibehörde sicherstellen lassen werden.

gez. Hoffmann.

Als dieses Mal- und Verkaufsverbot ankam, stand ich mitten im schönsten, produktiven Malen. Die Pinsel glitten mir aus den Händen. Die Nerven eines Künstlermenschen sind empfindlich, sein Wesen scheu und sensibel. Ich litt seelisch, weil ich glaubte, meine vollreifsten Werke noch malen zu müssen. Mit einem Schwert über dem Kopf hängend, waren mir Bewegung und Freiheit genommen.

Die Gestapo kam forschend fragend. Einmal und zum zweitenmal, fast einen ganzen Tag. „Der Führer hat recht!" war zuerst seine Meinung. Dann aber nachher sagte er: „Wir sind ja so voreingenommen." Er war zur Einsicht gekommen und frug, ob wir gestatten würden, daß er seinem Vorgesetzten Vorstellungen mache. Wir aber erwiderten, er solle es nicht tun. Es sei zwecklos, es komme die Anordnung von ganz oben. Er ging dann. „Kümmern Sie sich nicht darum", sagten Bekannte und Freunde, „sie wissen nicht, was sie tun." Sie aber wußten wohl, was sie taten. Es war ihnen ernst . . .

Ein Jahr verging nach dem anderen, – ich weiß kaum wie –. Halb träumend ging ich umher, scheu war ich geworden, fremde Menschen meidend, nur wenig mit Nachbarn redend, dabei nichts von meinem Schicksal erzählend oder wie macht- und wehrlos ich sei. Ich wollte kein Märtyrer sein.

Die Jahre vergingen. Verstohlen hatte ich bisweilen in einem kleinen, halbversteckten Zimmer gearbeitet. Ich konnte es nicht lassen. Material beschaffen jedoch war mir entzogen, und es waren fast nur meine kleinen, besonderen Einfälle, die ich auf ganz kleine Blättchen hinmalen und festhalten konnte, meine „ungemalten Bilder", die große, wirkliche Bilder werden sollen, wenn sie und ich es können.

Unser schöner, fertiggewordener Bilderraum, der die Erfüllung eines Lebenswunsches war, war durch die Verbote das Gefängnis meiner Bilder geworden, vereinsamt und verschlossen.

Und unsere Wohnung in Berlin?

Als die Verfolgung begann, war, zu retten und zu schützen, meine Ada nach dort gereist, denn Propagandahetze und Vernichtungswut ließen das Schlimmste befürchten. Es war so drohend geworden, daß wir die Bilder abspannen und in entlegenen Räumen vor dem Zugriff kunstfeindlicher Hände verstecken mußten; vor staatlichen Maßnahmen verstecken! So weit war es gekommen.

Die zu Anfang August 1937 erhaltene Mitteilung von der „Entarteten Ausstellung" in München kam, als ich die 70 Jahre erreicht hatte. Unser Hausbau war soeben fertig geworden. Es mag wohl nicht allzu früh sein, wenn mit 70 Jahren einem Künstler ein Haus zu bauen möglich wurde.

Meine vielgeliebte Frau war der Meinung, daß am siebzigsten Tag der Geburt ein besonderes Fest gefeiert werden sollte. Die Vorbereitungen waren geschehen, die Einladungen erfolgt, und auch ein paar früheste Freunde waren gebeten zu kommen.

Es kam alles anders.

In öffentliches Kunstgeschehen eingeweihte Freunde dringend warnten: das Fest werde als Provokation angesehen werden, und keiner wisse, was dann geschähe. –

Alle Einladungen wurden abgesagt und auch die Musik, der Gesang des Madrigalchores, die Vorlesungen Holtorfs und was alles noch mehr vorbereitet war. Ich persönlich wußte hiervon nur wenig, es sollten Überraschungen sein, doch tat es mir leid um der Freunde und meiner lieben Ada willen. –

Allem trotzend dennoch kamen einige. Sie ließen sich nicht behindern: „Ob eingeladen oder nicht, ich komme!" rief entschlossen Hans Fehr, und auch andere waren bereits unterwegs.

Auf unserer sogenannten „Festwiese" war neben den hochgewachsenen Staudenblumen ein langgedeckter Tisch mit 70 Lichtern darauf, daran meine ländlichen Verwandten, einige Geschwister meiner Ada und die zugereisten Freunde saßen. Es wurde viel gesprochen und geredet. Mein Freund Fehr sang wie einst zur Laute uns seine Lieblingslieder. Wir saßen an dem schönen, stillen Abend im Freien bis zwölf um Mitternacht, – eine Seltenheit dies zu können hier in unserem nordischen Klima.

Ich glaube, sie waren alle hier gern, obwohl die Münchner Ereignisse mit der Diffamierung meiner Bilder wie ein dunkler Schatten über uns und allem lasteten; wir wollten es nicht zugeben, und dennoch war die Bedrückung da.

Da viele Menschen nicht kommen durften, war die schriftliche Teilnahme sehr groß. Erst während folgender Tage vermochten wir die Briefe, die vielen, zu lesen. Ein lieber Freund uns die Strophen sandte:

Siebzig Jahre – wie der Himmel so weit!
Ein kühner Bogen über Raum und Zeit.
Menschen gingen und Menschen kamen,
Aus Blüten wurden Früchte, aus Früchten Samen –
Was ist das Leben? – Ein Darüberschweben
Durch Schaffen und Walten ein Neu-sich-Entfalten
Über Not und Wehe ein Aufstieg zur Höhe!

In einer Zwischenzeit schien aus Wien im Künstlerischen eine freiere Luft zu wehen. Für Mozart wurde eine huldigende Feier veranstaltet und auch für Hebbel. Gerhart Hauptmann und Richard Strauß waren verehrte Gäste in Wien. Auch zu mir, dem Maler, kam eine Einladung. Wir reisten nach dort, wo uns viel Verständnis und viele Freundlichkeiten begegneten. Auch trafen wir einstige Freunde, die hier in Wien ihren Platz gefunden hatten, und die seit mehr als 50 Jahren unterbrochenen gemeinsamen Interessen wurden neu belebt. Einige, nur brieflich uns liebe Menschen trafen wir persönlich, und wir waren Gäste bei der kleinen Ruth Claus, die hier verheiratet von einem Schwarm fröhlicher Kinder umjubelt war. Maler lernte ich keine kennen. Aber Kunstprofessoren und Direktoren, doch leider die Bilder der reichen Kunstsammlungen nicht. Sie waren verstaut. Die Werke der alten Meister und besonders Pieter Breughel hätten wir gar zu gern gesehen.

Eine Ausstellung meiner Bilder wurde in Wien durch parteiliche Maßnahmen verhindert. Kunstpolitische Widrigkeiten meldeten sich. Es war so häßlich. Wir waren enttäuscht und traurig. Die Verfolgung meiner Kunst war da, wo auch ich war.

Im gleichen Hotel in Wien, wo wir wohnten, wohnte auch Mathias Wieman. Er war mit Filmaufnahmen beschäftigt. Er und wir waren froh, besondere Theateraufführungen sehen zu können, und er lebte mit in unserem künstlerischen Geschehen. Kleine, heitere Briefchen flogen treppauf, treppab, bestimmend, was geschehen solle, und seine Freunde kamen unsere Bilder schauen. Die Bekanntschaft mit Wiemann entwickelte sich zur Freundschaft.

Die Wiener Wochen waren vergangen. Die Ächtung der Künstler ging weiter, und weitere kamen hinzu. Akademieprofessoren wurden ihrer Stellungen enthoben: Knappe, Caspar, Hofer und Marcks. Heinrich Nauen trank, bis er starb. Edwin Scharff fand in Kampen am Westmeer eine Stätte zum Arbeiten.

Zweiter Weltkrieg

Grauenhaft raste dieser Zweite Weltkrieg über die europäischen Länder hin und her und dann auch über Ostasien und das stille Meer. Grauenhaft die Vernichtung von Menschenleben, Wirtschaftsgütern, Kunst und Kunstbauten. Wahnsinn und Raserei!

Es steht mir nicht zu, über den Krieg zu schreiben. „Künstler sind Kinder", sagte ein Herr eines Nachts, nicht wissend, daß ich Maler bin. Nur über die Ursachen und ihre Folgen möge einiges gesagt sein und ein wenig über die eigenen künstlerischen Verluste.

In Deutschland war durch seinen revolutionären Umbruch eine unbekannte Menschenschicht hochgewirbelt worden. Alle in Schwierigkeiten lebenden Menschen, gebrochene Existenzen und Spekulanten und auch junge, unerfahrene Idealisten waren, den Fanfaren folgend, zusammengelaufen.

Wir zumeist in anderen Sphären lebenden Künstler konnten den Tagesstürmen nicht entgehen. Wir auch glaubten an das Gute. Das Schlechte war getarnt. Als aber die Ereignisse sich weiter entwickelten, mußten wir nach und nach zu der Einsicht gelangen, daß alles Üble und die vielen Widrigkeiten auf unserem Gebiet keine Ausnahme seien. Staunend hörten wir von einem Wissenschaftler, einem Arzt, einem Kaufmann, ja selbst von einem Erfinder, daß es bei ihnen genau so wäre wie auch bei uns. Es zeigte sich, daß auf allen Gebieten die klarsten Köpfe und die besten Kräfte zu Gunsten der weniger Befähigten entfernt und verfolgt wurden. Mir erstand der Glaube, daß eine Regierung, welche alles Eigenste und Höchste bewußt ausschaltet, zusammenbrechen mußte. Und der Zusammenbruch kam, mit sich reißend das ganze große deutsche Reich mit seinen Menschen, den wenigen Wunderbaren, den vielen harmlosen Indifferenten und den Üblen.

Dem deutschen Volk ist Niedrigstes und auch Höchstes gegeben, grausamer Instinkt und edle Geistigkeit. Die Spannweite ist weit, ist wohl weiter als bei jedem anderen Volk. – Die so schweren inneren und äußeren Auseinandersetzungen, Revolutionen und Kriege mögen die zerrütteten Folgen sein.

Zermürbt, zerschlagen liegt nun Deutschland darnieder. Das Lebenswerte ihm entschwunden. Wohin in deiner Not darfst du schauen, Hoffnung suchend?

Ist es vermessen anzunehmen, daß aus allem Schmerz und tiefster Tiefe eine noch junge, ungekannte deutsche Geistigkeit entstehen könnte?

Und sollte sich nicht ein Zusammenschluß der europäischen Staaten geben? Es wird kommen müssen, oder Europa wird zermalmt zwischen den Kontinenten – Amerika und Asien. – Unser kleines, herrlich schönes Europa, unter schräger Sonne und gemäßigter Wärme blühend, herrlich blühend. Sollst du wirklich untergehen? Bald oder später? . . .

Neben den großen Kriegsgeschehnissen mag das eigene kleine nur erwähnt werden:

Als 1928 die Mittel es uns leidlich erlaubten – wir vermochten die 101 Treppenstufen im Hofgebäude der Tauentzinstraße nicht mehr zu steigen –, zogen wir dem Grunewald entgegen, hinaus in die Bayernallee.

Durch die politische Diktatur war ich im Künstlerischen schwer getroffen. Die Auswirkungen des Krieges kamen noch hinzu. Die Bilder mußten abermals geschützt werden. Und was konnten wir tun? Sie möglichst verteilen, soweit sie uns verblieben waren.

Unsere schöne Wohnung in der Bayernallee ging durch Bombentreffer verloren. Einige Bilder, manche Aquarelle, Zeichnungen und fast meine gesamte Graphik verbrannten. Von den etwa dreitausend kleineren und größeren Werken wurden aus dem Schutt im Stock darunter ein hinuntergefallenes Päckchen mit ein paar Dutzend halbverbrannten und schwarz angekohlten Graphiken hervorgeholt und auch ein kleines Päckchen mit frühen Briefen. Die angeschwärzten Graphiken, auf weiße Kartons gelegt, wirkten bisweilen wie dunkle Gespenster, aus glutheißer Hölle kommend.

Wievieles sonst noch anderswo und wieviele Gemälde verloren sind, ich kann es nicht wissen. Briefe, die die schmerzlichen Verluste meldeten, kamen viele. Rührend schützend waren alle um meine Bilder bedacht. Wo vier brannten, wurde ein fünftes aus dem brennenden Haus geholt und gerettet.

Eine Sammlung einzelner erwählter, kleiner Werke der Künstlerkameraden, die uns lieb war, ging auch in unserer Bayernallee verloren. Nur ein Blatt von Klee und zwei schöne farbige Tierbilder von Marc waren nach Seebüll gekommen und dem Feuertod entgangen. Verloren gingen Aquarelle, Zeichnungen und Graphiken von Kokoschka, Klee, Jawlensky, Kandinsky, Feininger, Rohlfs und Nauen, Pechstein, Heckel, Schmidt-Rottluff und Kirchner, Werner Scholz, Gustav Wolff, Philipp Harth, Lithographien von Daumier und Gauguin, Josephsons farbige Zeichnungen und einiges mehr. Mir ist traurig, daß ich sie nicht zu schützen vermochte.

Der Krieg raste vernichtend unerbittlich.

Vom Einsatz neuer ungeheuerlich wirkungsvoller Waffen wurde geredet, vertröstend aufpeitschend, den Krieg damit hinhaltend.

Die Großstädte mit ihren vielen Menschen litten schwer. Die schönen alten deutschen Städte lodernd brannten, mehr und mehr.

Alle Verbindungen und alles stockte. Die Flüchtlingsmassen wälzten sich von Ost nach West. Deutschland mit seiner fanatisch unzulänglichen Führung war unterlegen. Die Flugzeuge beendeten den Krieg. Der Kriegsverlust für Deutschland war total und erschreckend.

Aber wäre der Krieg gewonnen worden, die Geistigkeit – die schönste deutsche Gabe – sie wäre verflogen.

Und was nun? . . .

Das Herz Europas ist wund, es pocht nur schwach.

Du böses, edles deutsches Volk, wirst Du nun schlafen müssen Deinen ewigen Schlaf? . . .

Nachdem mehr als zwei Jahre nach Kriegsschluß vergangen waren und es möglich geworden war, nach dem Verbleib meiner im Lazarett Schloß Teupitz verstauten Bilder zu forschen, kam die erschütternde Nachricht, daß meine Bilder zusammen mit zerschlagenen kostbaren Möbeln von den russischen Soldaten als Feuerung verbrannt worden seien. Es waren somit 43 meiner Gemälde, aus der Reihe meiner besten, vernichtet. Einige mögen hier genannt sein:

Zwischen hohen Wellen
Krieger und sein Weib
Junge braune Mutter
Moses und Aron
Schwarzer Teufel
Die klugen und die törichten Jungfrauen
Hiob
Weihnachtsmorgen
Rausch
Krieger
Nordische Menschen
Christus erweckt Lazarus
Gier
Frauen im Ufersand hockend
Krieg
Waldmenschenfamilie
Dünenfantasie
Lebensgemeinschaft

Alle Kraft und Liebe und die ganze in diesen vielen Gemälden enthaltene Intensität sind verloren.

Und über den Verbleib weiterer Bilder ist gar nichts zu erfahren.

Junge Soldaten-Freunde

Alle Kriege sind krasse Ungerechtigkeiten gegen alle die unendlichen vielen blühenden jungen Menschen, die dem Leben entrissen werden.

Die Verwandten meiner Ada, zumeist in Kopenhagen, und die meinen in dem 1921 abgetretenen Teil Nordschleswigs wohnend, blieben vor tödlichen Kriegsverlusten in diesem Zweiten Weltkrieg verschont. Aber junge Freunde hatten wir viele im Felde kämpfend, und es wurden immer mehr, denn gar viele hatten, wenn auch als Unbekannte, das Bedürfnis, mir, dem Maler, zu schreiben. War es meine Kunst, die ihrem Wesen und Verlangen entsprach, war es ihr Sehnen nach einem geistigen Deutschland gegensätzlich zum Krieg, war es ihre Anteilnahme an meiner Verfolgung, es wurde dies alles in ihren Briefen gesagt und vieles mehr. Mir persönlich war es nicht möglich, alles zu beantworten. Ich war gehemmt und mißmutig im eigenen Bereich, obwohl dies völlig zurücktrat gegenüber dem Krieg, und keinesfalls wollte ich mich gegenüber den jungen Soldatenfreunden beklagen, die ja in viel größere Kämpfe auf Leben und Tod verwickelt waren.

Meine geliebte Frau übernahm das Schreiben der Briefe. Zuerst an einzelne und nachher an alle, als aber es mehr wurde, als sie vermochte, schrieb sie Briefe, die an alle gingen. Sie wollte nichts Aufregendes mitteilen, dies war den Soldaten genug beschieden, sie wollte nur menschlich lieb und gütig etwas helfen im Tragen des Geschicks und glaubte, dies am ehesten durch Mitteilungen aus der Heimat und durch die Teilnahme der Soldaten an künstlerischen Geschehnissen zu können. Einige der an alle geschriebenen Briefe mögen hier folgen:

Berlin, den 5. Juli 1941

Unsere lieben Soldaten!

Einen Brief hatte ich Euch geschrieben, der aber war für Ruhestellung gedacht. Darin war von unseren Kunstkämpfen geschrieben, und da **unsere** Schlacht noch nicht entschieden ist, muß der Bericht darüber warten, bis wir Positives berichten können.

Daß wir in unserem Kampf um die Kunst die Stärkeren sind, bezweifeln wir nicht, und der Sieg wird unser sein, doch wann er kommt – jetzt oder in 100 Jahren, das wissen wir nicht.

Unter diesen Umständen war es schwer, wieder Kräfte zu sammeln nach einer Grippe, die uns in Kitzbühel überfiel, und deren Folgen uns immer noch zu schaffen machen, – aber im großen und ganzen haben wir uns wieder gefunden und fangen an, das Leben wieder anzupacken. Dabei helfen uns die Bilder. Sie strahlen zurück auf uns und geben Freude und Glück. Da ist z. B. die „Brennende Burg". Rechts hohe Felsen, in der Mitte die Schlucht, links die Burg auch auf hohen Felsen. Drei brennende Flammen sagen, daß von einem Teil der Burg der Rest brennt, während ein anderer Teil noch steht, in seiner stolzen Haltung. Die Rauchschwaden wirbeln durch das Bild, in dessen Hintergrund andere Felsen bläulich leuchten.

Das Bild ist ganz breit und wuchtig, so daß man nie auf den Gedanken von Romantik käme, wenn auch das Thema in dieser Richtung geht. Dann sollte es „Überromantik" sein, wie mein Maler früher „Überimpressionist" genannt wurde. Dazu sagte er: ich möchte nicht „Unterimpressionist" sein.

Und neben mir stehen zart und behaucht „Heller Mohn und weiße Päonien". So lebensvoll, so gemalt, es sitzen die Menschen davor, und ihre Augen werden immer glücklicher und liebender. Auch „Abendfrieden im Koog" mit dem gelben Himmelstreifen und den großen ziehenden dunklen, aber nicht schweren Wolken, im Vordergrund „Papa Mä", wie die kleine zweijährige Tochter unseres Pächters auf Seebüll von den Mutterschaften mit ihren Lämmern im Vordergrund sagte. Und dahin werden wir jetzt fahren, zu den weiten Grasflächen mit den freigehenden Tieren darauf, zu unserm Seebüll, wo die Lerchen jubeln und die leuchtenden Blumen auf die Malerhand warten, die sie zum ewigen Leben bringt. Dort ist immer großer Friede oder schwerer Sturm.

Die Engländer haben diese Gegend leider entdeckt und werfen viele Bomben, so daß wir hier in Berlin vielleicht mehr Ruhe haben, als es dort sein wird.

Den Kriegsereignissen folgen wir gespannt, keine Nachrichten, die wir nicht hören. Wir denken viel an jeden Einzelnen, an

Jochen Stickforth	Kurt Kaiser	Gustav Grobe
Wille Peters	Helmut Göring	Wilhelm Asböck
Fritz Kahlke	Karl Weninger	v. Rabenau
Christian Törsleff	Teichmann	Eberhard Reuss
Dieter Keller	Max Sauerlandt	H. Busch
Gustav Henneberger	von Lepel	Fr. Ertel
Dieter Hohly	Georg Rieve	Werner Klemke
Anton Götz	G. Wilde	

Wir senden allen Soldaten herzlichst unsern Gruß, aber diesen oben ganz besonders mit Dank für liebe Briefe, über die wir uns sehr freuen.

Ihre Ada Nolde.

Seebüll b. Neukirchen (Schleswig)
29. 1. 42

Liebe Soldaten!

Wenn wieder ich zu dem Mittel der Maschine greife, um einen Gruß allen unseren jungen Freunden ins Feld zu senden, dann ist es, weil sonst es sehr lange Zeit nehmen würde, bis alle einen Gruß bekommen, und mancher hat uns geschrieben, wofür ich hiermit in unserer beider Namen herzlich danke.

Inzwischen ist es tiefer Winter geworden, unser Land hier liegt unter Schnee, nur die kleinen tapferen Schafe sind draußen, – sie kommen hier nie ins Haus, sondern werden draußen mit Heu gefüttert – und die Vögel: die Elstern, Drosseln, Kohlmeisen, Fasanen und Rebhühner. Andere habe ich noch nicht gesehen, d. h. ja natürlich die Spatzen, die man im Winter etwas mehr in Freundlichkeit aufnimmt als im Sommer.

Wir haben ein kleines Vogelhaus aufgestellt und erleben Kämpfe zwischen Elster und Drossel um die Bissen, wobei die Drosseln Sieger bleiben, weil die Elstern große Angst vor uns haben. Die alten kompakten Bauernhöfe mit ihren tiefroten Mauern und den Reetdächern liegen auf ihren Warften mit Schnee bedeckt, sie sind uns wie Freunde, tragend ihren Reichtum so ganz nach innen, nach außen nur ein schlichtes, aber für unser irdisches Auge wunderschönes, warmes Kleid.

Eben haben mein Maler und ich eine große, anhaltende Arbeit beendet, gestern Abend ist der letzte Einband um das Manuskript „Neuguinea" befestigt. Geschrieben 1936 hat es so lange warten müssen, und nun konnte es auch nicht mehr gedruckt werden, sondern ich mußte es für unsere Freunde in einigen Exemplaren vervielfältigen auf einer dafür angeschafften Maschine. So haben wir die erste Zeit unseres geächteten Zustandes verbracht, die ersten vier Monate in anstrengender Arbeit, die uns dazu noch Freude gemacht hat. Geächtet, denn ausgeschlossen aus der Reichskulturkammer, aufs neue 54 Werke beschlagnahmt, fast nur Blumenbilder, und ein paar Landschaften, ohne Möglichkeit, mit Bezugsschein (nur damit kann man sie bekommen) Leinwand und Farben zu erhalten, sitzen wir hier in unserer Einsamkeit im 75sten Lebensalter meines Mannes. Es ist nicht so ganz einfach, – doch das war unser Leben ja nie, und wir stehen jetzt nicht allein. Der Briefträger bringt uns manche liebe Grüße, manche treue, kräftige Worte, die unsere Herzen wärmen und wofür wir danken, dem Schicksal und den lieben Menschen.

Einer von Ihnen, nämlich Dieter Hohly, wird nächster Tage eintreffen. Er macht die weite Reise aus Stuttgart hierher in unser Schnee und Eis, möchte er nicht enttäuscht werden, unsere nordische Landschaft und wir nordischen Menschen müssen etwas Zeit haben, bevor wir anfangen zu sprechen, so wie auch unsere lieben Bilder warten, bis der Besucher warm wird, bis Aug und Herz aufnehmen und sich freuen. Ist aber erst Freundschaft geschlossen, dann ist sie stark und dauerhaft.

Wir haben eben das Buch „Neuguinea" fertiggemacht, wie ich oben schrieb, und eine Reproduktion davon füge ich bei, indem wir hoffen, Ihnen damit

In schweren Stunden, Gemälde 1945

Paar, Aquarell 1931/35

Unterhaltung, Aquarell 1931/35

Uraltes Paar, Aquarell 1931/35

Phantastische Landschaft I, Aquarell 1931/35

Phantastische Landschaft II, Aquarell 1931/35

eine kleine Freude zu bereiten. Wir sind damals 1913–1914 durch Rußland, Sibirien, Japan, China über Hongkong, Manila, Rabaul (Neu-Pommern), Käwieng (Neu-Mecklenburg), die Malayischen Staaten (Ipoh mit den großen Zinnminen), Penang, Rangun, Mandalay (Birmastraße), Ceylon, Aden, Suez, Port Said, an Kreta entlang, durch die Messinastraße zwischen Korsika und Sardinien hindurch nach Marseille (August 1914) gereist.

Mit einem wunderbaren holländischen Kapitän Koenderink seit Port Said, zurück nach Genua, über die Schweiz – nach Hause. Was dieses „nach Hause" bedeutet hat, werden Sie alle jetzt nachfühlen können. Und Sie werden gewiß auch verstehen, welchen besonders lebhaften Anteil wir nehmen an den Geschehnissen da unten, kennen wir doch die meisten Orte, die nun eine so große Rolle spielen.

Wir denken in Herzlichkeit an jeden von Ihnen. Wenn einer denkt „ich mag nicht so einen Brief an alle", so verstehen wir das, aber vielleicht werden Sie auch verstehen, daß es unmöglich ist für uns, außer der großen Heimatkorrespondenz an jeden besonders zu schreiben. – Und die große Arbeit wird nun, nach einer kleinen Pause, fortgesetzt, mein lieber Mann ist Meister, unser Gärtner Geselle, er hat alle Löcher gemacht, hat viele Reproduktionen geklebt und zuletzt den Einbandknoten gebunden, unsere Freundin hat mich korrigiert und die Schnüre gemacht. Ich bin „Mädchen für alles", Obergeselle und Stift. So sind wir eine ganze schöne Arbeitsgemeinschaft hier auf Seebüll. Und leben alle mit unseren Soldaten in inniger Verbundenheit.

Ihre Ada Nolde.

In ihrem kleinen Merkbuch hatten sich die Anschriften von 47 Soldatenfreunden angesammelt, und sie hatte den Gedanken, diese alle, soweit es sich machen ließe, zu einem gemeinsamen Besuch nach Seebüll, zu den Bildern, zu ihr und mir, einzuladen. Aber während der vielen Jahre kamen manche Briefe zurück mit dem harten, bitteren Vermerk „gefallen", und von manchem wissen Angehörige und auch wir heute noch nicht, ob sie im Wirrwarr des Krieges verlorengingen oder doch irgendwo noch leben sollten. Einige besuchten uns mit dem Urlaubsvermerk von Sewastopol über Berlin, Seebüll nach Mainz oder so ähnlich. Dieter Hohly war während einer Woche hier, ein lieber begabter Mensch. Seine Zeichnungen und seine kleinen farbigen Bilder, im Felde in der Bretagne und in Rußland gemalt, mochte ich gern. Friedrich Mutter kam, uns und auch den Grenzbeamten hier überraschend mit seiner Pelzmütze und dem winterlich russischen Aussehen. Der Oberleutnant Scheel fühlte sich hier „im Paradies", aber schon am nächsten Morgen bemächtigte sich seiner die Unruhe, er reiste zu seiner Mutter. Er wollte dann nach Afrika, kam aber nach Rußland und ging durch ein Mine verloren. Grünbeck, sein Freund, ein prächtiger Mensch, fiel in Ausübung seiner ärztlichen Pflicht. Gefreiter Weninger schrieb uns besondere Briefe, bis dann kein Brief mehr kam. Max Sauerlandt auch fiel, das war uns ein schwerster Verlust, und manche mehr sind tot. Die Nachrichten vom jungen Falkenstein plötzlich verstummten, und von dem lieben Verwandten Jens Hansen wir auch nichts hörten.

Durch Fügung irgendwie war zwischen Kassel und Frankfurt einer der Soldatenbriefe meiner Ada versehentlich zwischen Zeitungen im Abteil liegengeblieben. Der Beamte brachte ihn zur höheren Amtsstelle, und nun ging er weiter nach Kiel und hin und her. Er war mit der Druckmaschine vervielfältigt, und es war ohne Genehmigung geschehen. Daß die sein mußte, wußte meine Ada nicht. Und es stand ja wirklich nichts darin, das irgendwie Bedenken erregen konnte. Ja, es stand etwas darin von einem Buch, das sie abgeschrieben habe, unsere Südseereise; sie sollte einem Verhör unterzogen werden! Sie lag im Eppendorfer Krankenhaus, ihr Herz war krank. Die Ärzte erlaubten kein Verhör, es sollte aber dennoch geschehen, und wer wußte, was dann folgen würde. Als aber das abgeschriebene Buch von einem höheren Beamten gelesen wurde, der wirklich nichts darin finden konnte, es interessierte ihn aber, da endlich fiel die Sache hin, das Gespenst „KZ" war verscheucht. Erst dann wurde mir die ganze leidige Sache erzählt und nicht vorher. „Warum soll er in seinem Schaffen gestört werden!" war die Meinung eines kunstfreundlichen Menschen.

Meine Ada schrieb nach diesem bösen Angriff gegen ihre wohlgemeinten Briefe an alle Soldatenfreunde keine mehr, und auch ihre Briefe an einzelne wurden leider selten. Von den vielen uns zugegangenen Briefen mögen ein paar hier wiedergegeben werden:

Frankreich, am 22. 7. 40

Sehr verehrter Herr Nolde!

Mit diesem Brief möchte ich Ihnen nur sagen, daß an Ihrem Geburtstag nicht nur Menschen Ihrer Generation in Bewunderung, Liebe und Dankbarkeit Ihrer gedenken, sondern daß man sich auch in der jungen Generation Ihnen zutiefst verpflichtet weiß.

Unter normalen Umständen hätte ich wohl nicht den Mut zu diesem Brief gefunden. Aber jetzt, wo wir hier in den Dörfern Frankreichs sitzen, getrennt von allem, was uns bisher das Leben schön und wertvoll machte, darf ich Ihnen sagen: Abbildungen Ihres „Abendmahls" und Ihres „Pfingstbildes" haben mich überallhin, sogar, in der Gasplane verpackt, begleitet. Gerade als Infanterist kann man ja nur das Allernotwendigste bei sich tragen. Da muß man strengste Auswahl treffen und Liebes zurücklassen, von dem man sich nur sehr schwer trennt. In Stunden der größten Ermüdung, wenn wir stumpf, völlig apathisch, mürrisch herumlagen, habe ich das „Abendmahl" oder den „Christuskopf" oder das „Pfingstbild" hervorgeholt. Und damit entstanden zugleich all die anderen großen Gemälde vor meinen Augen. Dann fand ich wieder die Kraft, die furchtbare Wirklichkeit zu ertragen und andererseits der Gefahr des völligen Stumpfwerdens zu entgehen. Wußte ich doch, daß die gegenwärtige Situation nur Übergang, nur verzerrte Wiedergabe der gewaltigen, vollen Lebenswirklichkeit sei, die aus Ihren Bildern spricht. Und für das Leben, das sich da offenbart und seine Aufgaben, die es stellt, müssen wir uns ja bewahren.

Leider habe ich nicht mehr, oder besser, noch nicht die Gelegenheit gehabt, Ihre Bilder im Original zu bewundern. Und in derselben Lage sind ja wohl die meisten meines Alters, aber ich wollte, Sie dürften sehen, wie in unseren Herzen selbst durch die einfachsten Abbildungen die Liebe zu Ihrem Werk erweckt wird.

Nehmen Sie nun bitte diesen Brief so, wie er gemeint ist, als das Schreiben eines Soldaten, der auf diese primitive Weise Ihnen zu danken sucht für alles, was Sie ihm vor allem in den letzten, schweren Wochen geschenkt haben.

In dankbarer Bewunderung
Ihr ergebener Kurt Kaiser.

Hochverehrte, liebe Frau Ada! 12. 1. 42

Lange bekam ich keine Post von Ihnen und fast glaube ich, daß irgendwie vielleicht in Rußland etwas verlorenging. Denn seit 1. Dezember bin ich in der Heimat und begann zu studieren für ein Semester in Stuttgart: Architektur. Doch ob dies mein Beruf sein wird? Es ist mir große Freude, nach 5 Jahren Dienstzeit nun für 3 Monate, bis 15. März, wo ich wieder ins Feld gehen werde, dem zu leben und das zu arbeiten, was mir am Herzen liegt. Ich habe mich so gesehnt nach solchem Leben. Denn im Krieg kann ich wohl meine Pflicht tun, aber Freude ist es mir nicht. Ich möchte etwas schaffen zur Freude, nicht zerstören und Leid schaffen. Nicht ganz einfach war der Übergang, doch jetzt bin ich in allem drin, und so hungrig nach Bildern, auch nach Musik, nach Menschen, die noch selbst denken und tief denken. Sie sind zwar verborgen, aber sie sind noch da. Und hier in Stuttgart ist wenigstens noch die Sammlung Borst, 2 Aquarelle und 1 Ölbild Ihres Mannes hängen drin, dazu Marc, Macke, Modersohn, Klee, Dix und noch manch andere heut so seltene Dinge.

Zwischen zwei Vorlesungen sah ich, wie ein Student vor mir verstohlen ein Buch aus der Mappe nahm und drin las. Ein Blick zeigte mir, es war „Jahre der Kämpfe". Ich sagte zu ihm: „Du liest wohl verbotene Bücher!" Wir lachten beide und Freundschaft war geschlossen. Er ist bereits fertiger Gartenarchitekt. Ich zeigte ihm heute den Sauerlandt-Band, und wir haben uns so sehr an den Bildern erfreut. Und als ich heute in einer Kunstbuchhandlung nachfragte nach den „Jahren der Kämpfe", sagte mir das Fräulein: „Führen wir nicht mehr, ist verboten!" Doch mein Gesicht war wohl so traurig, daß sie zum Geheimfach ging und mir den Band brachte. Ich gebe ihn als Geschenk. Es ist so viel, was uns Junge beschäftigt, was uns in dieser Zeit hart zu schaffen macht. Ich muß mich manchmal gegen ein fast verzweifelndes Gefühl wehren. Und doch, das was unser wertvollstes ist, muß, trotz allem, wieder durchbrechen. Wie könnten wir sonst leben? Und da ist uns das Werk Ihres Mannes so oft Trost und Freude. Wie geht es wohl Ihnen? Sind Sie gesund? Und kann Ihr Mann noch malen? Ich bitte Sie, ihn von mir und meinem Freund recht von Herzen zu grüßen! Und dazu die besten Wünsche fürs neue Jahr!

Darf ich wieder einmal von Ihnen hören?

Ihr Dieter Hohly

Soldat Dieter Keller
polen: 25. 1. 1941

liebe frau ada nolde! sie werden kaum ahnen können, eine wie grosse freude sie mir mit ihrem schönen briefe bereitet haben. es hat lange gebraucht, bis ich ihn erhalten habe, da alle post aus der heimat große verspätungen hatte. und nun antworte ich erst so spät darauf: es war viel dienst, und dann kam vor acht tagen die kommandierung hierher, das heißt in völlige wildnis, unmittelbar an die russische grenze, wo eine dauerwache zu stellen ist. wegen des schlechten briefpapieres und auch der bleistiftschrift wegen muß ich um entschuldigung bitten – wie so manches sonst ist auch dieses etwas primitiv.

dass mein kleines buch ihr gefallen gefunden hat, war eine freude und zugleich eine ehrung für mich. es ist ein bescheidener versuch.

deutschland ist schön – doch gibt es zuviele in diesem land, die „krieger" sind, und nur wenig geistige. auch empfinde ich hemmnisse und bedrückungen, nicht nur jetzt unter der diktatur. es scheint manchmal an frischer luft zu fehlen. vielleicht haben aber **Sie** recht, und ich bin nur müde und sehe nichts mehr.

sie fragten nach dem film, den ich sah? er hatte den titel „der ewige jude", und es war ein sehr übles, schlechtes machwerk, so böse und gehässig und zudem schlecht gemacht, dass es eine qual war, diesen film zu sehen. wir gingen nur, da es unter anderem auch bilder aus den polnischen ghettos zu sehen gab, aus gegenden, in denen ich zur zeit bin. natürlich kam die jüdische „herrschaft" in deutschland ausführlich vor, politisch und in der kunst. die entartung und zersetzung der kunst, vor allem die angeblich jüdische darstellung von hässlichen, kranken menschen: als „beispiel" für diese anschauung und darstellung war zuerst ein ausschnitt aus einem bilde emil noldes zu sehen, eine sitzende nackte frau, von vorne gesehen. ich kann auswendig nicht sagen, um welches bild es sich hier handeln könnte. dann ernst ludwig kirchner, george grosz, kokoschka und andere, nochmals nolde. und zuletzt als beispiel der darstellung von juden in bildern der christlichen lehre, ein ausschnitt aus dem pfingstbild – gegenbeispiel rethel und andere nazarener! wir haben fast weinen müssen, als wir diese bilder sahen, in den schmutz gezerrt und beschimpft in einer solchen weise.

sie mögen vieles sagen und manches beispiel anführen. dass so etwas in unserem lande und in unserer zeit möglich ist, das ist eine schande für alle zeiten und ein vorwurf, den der nationalsozialismus immer und ewig wird tragen müssen. wie kann eine kunst, die über alles deutsch ist, die gläubig ist und groß und erhaben, die so vielen menschen das höchste ist, das sie kennen und besitzen, wie kann eine solche kunst entartet sein, jüdisch, bolschewistisch? und wer darf sich ungestraft an ihr vergreifen? sie beschimpfen unsere bilder, um sie ins ausland zu verkaufen? ich kann es nicht fassen!

schrecklich ist es, das alles zu wissen und zugleich kämpfen zu müssen, soldat und krieger zu sein für irdische mächte, die einem teuflisch erscheinen, unmenschlich, die man hassen muß mit jedem neuen tag.

was schreibe ich? wozu schreibe ich?

es ist gütig von ihnen gewesen, mir so lieb zu schreiben. wissen sie, was solch ein brief für einen soldaten bedeutet? ich bin weit fort von daheim, von einem hause und einem garten, die geborgenheit und frieden gaben, von meiner frau, die ich liebe und ohne deren gute nähe ich kaum zu atmen vermag. zuhause ist mein kindchen christian. zuhause sind viele bilder. ist ruhe und alleinsein.

ich kann nur schwer schreiben, mit einer hand, die das gewehr halten muß, und mit gedanken, die ständig von militärischem abgelenkt werden. ich kann nur insgeheim an alles schöne dieser welt denken, an gute menschen und ihre kunst – auch an die „antigone“ auf dem teppich in dem großen raum in berlin. ich bitte sie, mein schreiben mit nachsicht aufzunehmen! sie schrieben, daß ich sie und ihren verehrten mann einmal besuchen darf. ich danke ihnen! wann wird wieder ein urlaub sein, wann endlich der frieden? ich möchte gerne einmal meine frau zu ihnen bringen dürfen.

ich bitte sie, meine herzlichsten grüße anzunehmen, und vielleicht darf ich sie auch bitten, grüße und dank an emil nolde zu sagen?

ihr dieter keller

(an otto andreas schreiber schrieb ich gerne)

Ungemalte Bilder

Die meisten dieser kleinen frei phantastischen Blätter entstanden in einem verschwiegenen entlegenen Hauswinkel während der Jahre meiner Ächtung. Sie waren Freunden zur Aufbewahrung gegeben, sie durften von kunstfernen Augen nicht gesehen werden.

Meistens sind es Entwürfe für figürliche Bilder, oft grotesk und wild, natürlich und auch naturfern, alle Möglichkeiten: Bewußtes und Zufälliges, Verständliches und Gefühltes nutzend.

Eigentümlich ist die Wirkung dieser kleinen Bilder bei den Menschen, die sie gelegentlich gesehen haben. Die Kunstfernen sehen sie als Späße, Witze oder Grimassen, andere wieder leichtfertig durchblättern sie, als ob es Spielkarten seien, und wieder andere empfindsame Menschen schauen und schauen vor einzelnen sitzend, sich nicht trennen könnend. – Ich selbst habe sie lange und oft angesehen und fast immer wieder viele Male an jedem einzelnen Blatt gearbeitet, geändert, sie in Farben, Zeichnung und Ausdruck gesteigert, bis dann doch ich sie hinlegte, nicht mehr könnend.

Eines Tages gingen meine Frau und ich in ein Instrumentengeschäft, um ein Epidiaskop uns anzusehen. Wir legten ein Blättchen hinein und nacheinander fünf weitere, die wir mitgebracht hatten. Es war uns ganz erstaunlich, diese Blätter in ihrer vielleicht hundertfachen Größe auf der Leinwand hingeworfen zu sehen. Sie wirkten so farbig schön und fast wie bis ins kleinste fertig, so daß wir ganz benommen waren. Ich sah plötzlich sechs große fertige Bilder, aber ebensoschnell waren sie wieder verschwunden, wie auch Träume entschwinden.

Auf der Hallig Hooge waren die ersten dieser kleinen farbigen Entwürfe entstanden. Ein halbes Jahr danach, im Herbst 1919, waren schon einige als große Bilder gemalt, beginnend mit den Bildern „Teufel und Gelehrter" und dem „Schwärmer". Die Kraft jedoch war schnell verbraucht. Erst nach weiteren 20 Jahren war ich gereift für neue Taten dieser Art. Die Wikingerbilder „Krieger", „Nordische Menschen" und „Gaut" – unser besonderer Liebling – wurden gemalt. Im folgenden Jahr 1941 entstanden „Das heilige Feuer", „Brennende Burg", „Tanzfreude", „Frühmorgenflug" und „Der große Gärtner", bis dann der böse Abbruch kam und erst im fünften Jahr nachher, als die Fesseln fielen, sich wieder größere Bilder lösten.

Aus Linien und Formen und Farben in zartester und stärkster Empfindung, vor oder jenseits aller Natur, entstehen die Werke der Kunst. Und von Anfang bis Ende in Arbeit und beglücktem Schaffen fließt die Quelle der dem Künstler verliehenen Gabe. Er sei stolz und auch bescheiden, denn er gibt nur aus dem selbst Empfangenen. Und wenn ihm in seinem Schaffen Freude oder Glück gegeben wird, das sei ihm gegönnt, denn je höher sein Streben geht, um so mächtiger entstehen die sich auftürmenden Widerstände, äußerliche und innere.

Diese kleinen Blätter, „die ungemalten Bilder", haben mir als Mensch und Maler viel Freude gegeben. Immer wieder, fast ohne es zu wissen, stand ich dabei, mich durch neu erfundenes überraschend. Viele Hunderte sind es geworden. Wenn ich sie alle malen soll, müßte meine Lebenszeit mehr als verdoppelt werden, das aber gibt es nicht auf unserem naturhaft streng geordneten Planeten.

Alter Mann und junge Frau, Aquarell (»Ungemaltes«) 1938/45

Frau und zwei Kinder, Aquarell (»Ungemaltes«) 1938/45

Einige Briefe

Ein paar frühe mich betreffende und sehr verschiedenartige an Karl Ernst Osthaus gerichtete Briefe mögen hier wiedergegeben sein. Der erste vom Dichter Wilhelm Schäfer:

Braubach am Rhein 12. 2. 1906

Verehrter Herr Osthaus,

gestern war ein Maler Emil Nolde aus Alsen (Insel) bei mir, der sich hier für ein paar Tage eingenistet hat; ein bedeutender Mensch und, wie ich aus seinen Radierungen sah, ein sehr eigenartiger Künstler. Über seine Bilder las ich den enthusiastischen Brief einer Dresdener Kunstgruppe (die Brücke), die ihn zum auswärtigen Mitglied haben wollte. Dort bei Arnold waren nämlich zum ersten und einzigen Mal seine Bilder ausgestellt und mußten unter Schmähungen des Publikums und der Presse wieder entfernt werden (als wüste neoimpressionistische Klecksereien). Man mußte nach seinen Radierungen annehmen, daß dieser Abfall günstiges Zeugnis ablege.

Der Mann ist, wie meine Frau ihm entlockte, ziemlich am Ende seines Mutes. Seine Frau war seit vier Jahren schwer krank, nierenleidend, und ist augenblicklich in Hilchenbach bei einem Arzt. Sie will im Lauf dieser Woche nach Kopenhagen (sie ist geborene Dänin), um dort Sprachstunden zu geben, also ihren Mann mit zu ernähren, der aber in Alsen bleiben will.

Mir scheint, daß hier der Verband etwas tun müßte, wenn der Mann uns geographisch anginge. Ich dachte mir aber, daß Sie vielleicht im Folkwang eine Ausstellung von seinen Bildern machen. Es würde ihn sehr ermutigen. Vielleicht aber können Sie mehr für ihn tun.

Jedenfalls kommt der Mann mit meinen allerbesten Empfehlungen im Lauf dieser Woche zu Ihnen. Der Mensch, ein stiller, kluger und verhaltener Friese, wird Ihnen sicher gefallen. (Eine Radierungsmappe, 8 sehr phantastische Blätter, kostet 120 M, falls Sie einen Interessenten wüßten, ich will ihm auch einige verschaffen.) Es tut mir eigentlich leid, daß wir ihn überhaupt wieder müssen ziehen lassen. Haben Sie Beziehungen zum nordwestdeutschen Künstlerbund, daß die ihm vielleicht beistehen?

Nicht wahr, Sie verübeln mir diese herzlich dringenden Worte nicht; es kommt ja nicht so häufig vor, daß man solchen Menschen findet.

Mit besten Grüßen
W. Schäfer

Ein Weg wäre auch **dieser:** Sie versuchten das Paar irgendwo nach Westfalen zu fesseln und stellten im Frühjahr bei dem Verband den Antrag, ihn zu unterstützen, ich würde aufs Wärmste dafür sein.

D. O.

Der Brief war rührend fürsorglich. Es ging uns damals sehr, sehr schlecht. Aber mutlos war ich nicht. Nur meine zurückhaltende Art mag im freifröhlichen rheinischen Land so gewirkt haben.

Der zweite, „böse" Brief ist von Geheimrat Lehrs, dem ehemaligen Direktor des Dresdener Kupferstichkabinetts.

Berlin 12. 2. 1908

Hochverehrter lieber Herr Osthaus!

Ich bin aufrichtig beschämt, Ihnen für Ihre so sehr gütige Vermittlung der Nolde'schen Radierungen und Holzschnitte mit einem Brief danken zu müssen, der Ihnen schließlich doch nur sagen kann, daß ich Sie vergeblich bemüht habe. Trotz mehrfachen Ansetzens finde ich nicht das rechte Wort zu dem peinlichen Geständnis, das mir doch meine künstlerische Überzeugung aufzwingt.

Diese Blätter haben mir leider nur bestätigt, was mir die ersten Arbeiten Noldes sagten, als ich sie zuerst in Berlin und dann in Leipzig sah. Wenn es in Widerspruch mit Ihrem eigenen Urteil steht, so bitte ich um Entschuldigung, aber ich möchte gerade einem Mann gegenüber, dessen Idealismus und Kunstempfinden ich hochschätze, nicht höfliche Redensarten machen, sondern offen und ehrlich Farbe bekennen.

Ich kann und kann in diesen Emanationen trotz allem guten Willen nichts Künstlerisches entdecken, vermisse vielmehr jede Potenz, die in meinen Augen zu den elementarsten Vorbedingungen eines Kunstwerks gehört. Nolde beherrscht meines Dafürhaltens weder das rein Handwerkliche der Technik, in der er sich äußern will, noch hat er eine Ahnung vom Zeichnen, noch von irgend einer Naturform, am wenigsten von der menschlichen.

Wenn ein Künstler skizzierend, andeutend zu mir sprechen will, so muß es wie Whistler, Liebermann, Zorn doch vor allem die Vorstellung bei mir erwecken, daß er die Form, die er meiner ergänzenden Phantasie gewissermaßen suggerieren soll, genau kennt. Hier ist gerade das Gegenteil der Fall. Ich sehe unformliche schwarze Kleckse, wo er Köpfe meint, zitternde, kindliche Kratzereien, wo er den organischen Bau eines Schiffes mit seinen straffen Masten und Takelungen geben will.

Ich sehe diese Schiffe unmotiviert und affektiert in der Luft schweben, während er offenbar die Vorstellung bei mir wecken will, daß sie auf sonnenbeschienener, glatter Wasserfläche schwimmen. Überall ist die Nadel hängengeblieben, der Ätzgrund schmutzig und lieblos stehen gelassen, wo er lediglich die Illusion stört, und das alles mit jener geflissentlichen Koquetterie, die das Räuspern und Spucken wirklicher Künstler nachahmen möchte, ohne das Positive und Wertvolle, was sie uns daneben bieten, zu geben.

So gern ich den Ausdruck des empörten Philisters vor Emanationen neuartiger und befremdeter Künstler vermeiden möchte, hier drängt es sich mir in die Feder: eine ungeschickte Kinderhand kann nicht krauser und hilfloser auf der Kupferplatte herumkratzen, als es hier geschehen ist. Diese Blätter haben für mein Auge nichts, aber auch garnichts mit dem gemein, was ich unter „Kunst“ verstehe, und wenn das Kunst ist, Kunst unserer Zeit oder Kunst der Zukunft, dann will ich mein Lebtag nichts mehr mit Kunst zu tun haben, sondern lieber in einer schönen Thoma'schen Schwarzwaldlandschaft Ziegen hüten. Da bin ich doch in besserer Gesellschaft und sehe wenigstens, was mich freut.

Verzeihen Sie nochmals meinen Undank für Ihre freundliche Bemühung, aber ich würde nicht wagen, die Nolde'schen Blätter meiner Kommission vorzulegen noch irgend eines für Dresden zu kaufen. – Halten Sie mich meinetwegen für rückständig und altersschwach, wie es Nolde tut, aber bewahren Sie mit Ihrer lieben Frau, die ich herzlich zu grüßen bitte, trotzdem ein freundliches Wohlwollen

Ihrem aufrichtig ergebenen
M. Lehrs

Bitternis und Lachen waren meine Erwiderung. Bitternis wegen dieses Versuchs, einen jungen Künstler totzutreten, Lachen, weil seine Anwürfe mir gar zu dumm schienen.

„Einer selbständigen Künstlernatur muß jede Kritik, schlecht oder gut, gleichgültig sein." – In der vorbereitenden Zeit, als ich noch gar nicht Maler war, hatte ich diesen Spruch hingeschrieben und späterhin die Erfahrung gemacht, daß wenn zur gleichen Zeit boshaft schlechte Kritik einerseits und gute begeisterte andererseits sich gaben, dann ist dies die sicherste Gewähr für etwas Bedeutsames, sei es in Dichtung, Schauspiel, Tanz, Musik oder bei Werken der bildenden Kunst. Was allen sogleich gefällt, ist nicht viel wert.

Wir hatten in Hamburg den Kunstfreund und Sammler schönster Graphik, Gustav Schiefler, kennengelernt. Seinen ersten Brief – es folgten nachher viele – erhielten wir nach Alsen übersandt:

Hamburg, den 24. Mai 1906

Sehr geehrter Herr Nolde!

Ich möchte nicht unterlassen, Ihnen noch einmal schriftlich zu sagen, daß Sie mir durch Ihren Besuch eine große Freude gemacht haben. Es ist etwas so Erfrischendes, eine Künstlerpersönlichkeit kennenzulernen, die selbständig ist und etwas Neues zu sagen hat. Um so mehr, wenn dieses Neue ein mehrfaches ist, und doch miteinander so Hand in Hand geht, organisch ist, wie es bei Ihnen mit der Technik und der Form und dem Rhythmus der Fall ist. Es hat etwas so Ruhiges und Abgewogenes, wie Sie die Figuren in den Raum der Platte hineinkomponieren, daß sich in der Erinnerung das absolute Größenmaß, in dem man die Sache gesehen hat, verwischt, und die Darstellung ins Große wächst. Mir scheint ein Beweis, daß das, was man Monumentalität zu nennen pflegt (ein häßliches Wort), darin ist. „Größe" ist wohl richtiger, bezeichnender, und im Sinn und Ausdruck vornehmer. Zu dieser Eigenschaft paßt die Technik mit ihrer einfachen und doch nicht eintönigen Flächenbehandlung so gut. Es waren so manche starke und eindrucksvolle Blätter unter der Collection, daß es mir leid tat, dem Zustande meiner Kasse Rechnung tragen und mich auf die geringe Auswahl beschränken zu müssen, ich hoffe aber später, die kleine Sammlung noch etwas vermehren zu können.

Ich würde gern, wenn im Herbst die Sitzungen der Gesellschaft Hamburgischer Kunstfreunde wieder beginnen, die Blätter dort vorführen, und würde Ihnen dankbar sein, wenn Sie mir eine Anzahl zu diesem Zwecke schicken würden. Ich werde, wenn es soweit ist, auf die Sache zurückkommen und mich melden. Daß Ihre Frau Gemahlin Sie begleitete, war für meine Frau und mich eine Freude. Sie gehört offenbar so zu Ihnen und Ihrem künstlerischen Schaffen, daß es nur ein halbes Kennenlernen gewesen wäre, wenn Sie allein gekommen wären.

Mit Lichtwark habe ich auch über Ihre Sachen gesprochen. Sie hatten ihn sehr interessiert, und er sprach auch mir gegenüber von der Absicht, später davon für das Kabinett zu erwerben.

Meine Frau und ich hoffen Sie in nicht allzu ferner Zeit wiederzusehen.

In größter Hochachtung

Ihr ergebenster
Schiefler

Die Bekanntschaft mit Herrn und Frau Osthaus führte zu einer Ausstellung meiner Bilder in ihrem Folkwang-Museum. Osthaus wurde Förderer meiner Kunst und etwas später beide unsere Freunde, Frau Osthaus schrieb:

Hagen, 10. 3. 07

Liebste Frau Nolde,

eine fortwährende Unruhe zwischen Reisen, Besuchen und dringenden Arbeiten hat mich lange nicht zur Sammlung kommen lassen; es tut mir unterdessen immer so leid, daß ich keinen Augenblick finden konnte, Ihnen für Ihren lieben Brief zu danken und zu sagen, daß wir viel Freude an den Bildern Ihres Gatten haben. Seine Farbenpracht macht die ganze Umgebung grau erscheinen, sogar Hodler erscheint wie unter einem grauen Gazeschleier. Daß zu seiner weiteren Vollendung der Weg über die Holzschnittarbeiten denkbar günstig ist, das meinen wir alle, die ihm Interesse entgegenbringen. Denn die Linie und die Form sind doch ein künstlerisches Ausdrucksmittel, das keinen Ersatz finden kann; und wie Ihr Gatte es zu handhaben weiß, zeigen die prachtvollen Holzschnitte. Also nur mutig voran auf dem steilen Weg! Auch van de Velde interessiert sich lebhaft für die Arbeiten.

Ich komme eben von Weimar. Bald fängt das Bauen an, die Pläne des Hauses sind von großer Schönheit. Wenn wir erst da in der schönen Freiheit wohnen, dann müssen Sie mal Ihre Kuren bei uns machen. Von Herzen hoffe ich, daß Sie mit Ihrem Arzt noch zufrieden sind. Der kommende Frühling wird sein wohltätiges Werk sicher auch tun. Gehts den Sommer wieder nach Alsen? Möge er so reich und schön werden wie der vergangene! –

Was Sie da alles über Rembrandt sagen! Ich habe ihm auch mehrere Male kühl gegenüber gestanden, bis er mich plötzlich packte mit übermenschlicher Gewalt, so stark, daß ich überzeugt bin, sie wird mich nie wieder loslassen, immer wachsen! Ob es Ihnen auch noch einmal so gehen wird? Ihren Zorn auf das viele Wertlose verstehe ich so gut, nur glaube ich nicht, daß wenn es nicht da wäre, unsere modernen Tüchtigen an ihrer Stelle sein würden! Dann wäre eben garnichts da oder besten Falls Düsseldorfer. Aber es wird sich doch manches ändern in der nächsten Zeit. Welch herrliches Beispiel gibt die Nationalgalerie. Sie werden sich wundern und freuen, wenn Sie sie wiedersehen. Hat Ihr Gatte von Tschudi nie seine Arbeiten gezeigt? Er ist doch so verständnisvoll.

Ihnen beiden viele herzliche Grüße und warme Wünsche für Ihr Ergehen

Ihre ergebene Gertrud Osthaus

Ein junger Mensch – Paul Hiss – hatte als 12jähriger Junge, gegen den Willen seines Vaters, der Zollbeamter war, sich Graphiken von Whistler und Zorn mit seinem Stundengeben erworben. Diese verkaufte er später und konnte sich dafür andere Graphiken und auch Bilder erwerben. Seine Fähigkeit und Umsicht, von Liebe zur Sache getragen, waren erstaunlich. Es kam von ihm der folgende Brief:

Kiel, den 15. 10. 19

„Ich möchte Ihnen gerne weniger dürftig, als ich es leider nur kann, für das danken, was Ihr Werk mir in diesem Jahr gewesen ist. Aber ich bin nur ein kleiner Student von 19 Jahren, der sich seine staats- und völkerrechtlichen Kollegs selbst bezahlen muß. Da habe ich mir jeden Tag vor Ihrem Bild „Sommerwolken" in der hiesigen Kunsthalle Kraft und Freude geholt, während ich mich zu Hause an Reproduktionen Ihres „Pfingstbildes" und „Abendmahles" sättigte, bis ich mir – endlich – vor kurzem Ihre beiden Blätter „Schriftgelehrte" und „Mann und junges Weib" erarbeiten konnte.

Obwohl ich also nur einen solchen Bruchteil Ihres Schaffens kenne, schreibe ich heute doch an Sie, nachdem ich Ihren Aufenthaltsort von einem bekannten Herrn, Pastor Mathiesen, Guderup, erfuhr, um meine Schuld für das, was Sie mir täglich mit Ihren beiden Blättern geben, so gut oder schlecht ich es eben kann, wieder gutzumachen. Ein anderer könnte einen derartigen Dank als eine Geschmacklosigkeit ansehen – ich weiß, Sie werden dies nicht tun. Gestern gelang es mir, diese zwei kleinen Rembrandt-Radierungen zu erwerben; nachdem mir ihre Echtheit bestätigt, glaube ich, sie passen besser in Ihre Hände als in meine, deshalb bitte ich Sie, dieselben als einen schwachen Ausdruck meines Dankes und meiner Verehrung anzunehmen."

Er sandte mir später wieder Geschenke und schrieb noch viele Briefe.

Wir liebten diesen jungen Menschen in seinem heißen Streben, in seinem den höchsten geistigen und künstlerischen Idealen hingegebenen Leben. Er war seltsam tief empfindend und begabt. Bei Vollendung seiner Studien wurde er als Bibliothekar von einem Maharadscha nach Indien berufen, die Engländer jedoch verweigerten seine Einreise. Es war ihm dies eine empfindliche Enttäuschung. Krankheit kam hinzu. Sein starkes Innenleben und seine Geistigkeit überwältigten seinen Körper. Auch seine wohl in instinktiver Gegensätzlichkeit gewählte starke Lebensgefährtin vermochte ihn nicht mehr zu retten. Er starb kämpfend gegen den Tod in schwerem Leid.

Ich hatte ihm kleine Gegengaben gesandt und auch das Bild eines „Asketen" gegeben, nicht wissend, daß es sinnbildlich er selber werden sollte.

Unsere jungen Tanzfreunde schrieben:

Hamburg, 5. Dezember 1922

... Bis zum 24. Oktober hatten wir alle Hände voll zu tun für unsere Varietévorführung hier, die an sich unter den denkbarsten Schwierigkeiten vonstatten ging, aber doch gut ausfiel. Es war nicht der eigentliche Berliner Agent gekommen, sondern er hatte einen Deutsch-Amerikaner geschickt, der absolut orientiert, ein alter Mann, nur deshalb in Europa ist, weil er hier gute Varietényummern nach Amerika engagiert. Er hat ein reiches Leben hinter sich, war als geborener Deutscher unter anderem fünfzehn Jahre Ballettmeister oder Trainer des damals größten Petersburger Balletts und machte, was uns sehr erfreute, Lavinia das Kompliment: „Sie sind eine fabelhafte Spitzentänzerin." Sein Urteil über unsere Arbeit: „Es ist alles sehr gut, das gesamte Künstlerische, Musik, Tanz, Maske, aber — — — zu einer wirklichen Varieté-Welt-Attraktion fehlt Ihnen folgendes: Sie dürfen nicht nur Einzeltänze machen, eine Varietébühne ist zu groß, so daß selbst der beste Tanz sich leicht verliert und nur schwer eine große Wirkung erzielt, am wenigsten nun eine Folge von Einzeltänzen. Folgen Sie meinem Rat, dann werden Sie Ihr Ziel erreichen. Nehmen Sie sich tänzerische Hilfe, lassen Sie dieselben Tänze zu zweien oder dreien tanzen und zwar genau die gleichen Masken und Bewegungen und lassen Sie die Tänze blitzschnell aufeinander folgen." Alles in allem war mein Agent sehr weise und klug und zeigte absolutes Verständnis für unsere künstlerische Arbeit.

Und wir sind seinem Rat gefolgt. Heute arbeiten wir an einigen neuen Masken, z. B. zwei neue Springviehs, einen neuen Kipple Fips etc. Wir beeilen

Emil Nolde (Selbstbildnis), Gemälde 1947

Hohe See – bewegte Wolken, Gemälde 1948

uns, was wir können. Allabendlich tanze ich (Lavinia befreie ich möglichst davon) Einzeltänze im literarischen Kabarett Jungfrau.

Sonst geht es uns gut, wir sind vergnügt und guten Muts. Ich werde schreiben, wenn etwas von Bedeutung sich ereignet. Ihre dankbar ergebenen

Lavinia Schulz und Walter Holdt.

Einige weitere Bezeichnungen ihrer so ernst und heiter frei erfundenen Tänze waren: Bibo, der blaue Reiter, das Problem und Toboggen.

Als die Trauerkunde von der tödlichen Vergiftung des Polarforschers Knud Rasmussen die Weltpresse beschäftigte, waren wir tief ergriffen und gingen mit Kummer im Herzen über den verlorenen Jugendfreund (wir fanden und lasen erschüttert einen kleinen Brief, den 1901 der junge Knud meiner Ada geschrieben hatte).

Während einiger Jahre nach dem seltsam heiteren Scheunenfest auf Seebüllhof im Sommer 1927 waren meine kleinen geschriebenen Bücher „Das eigene Leben" und die „Jahre der Kämpfe" hinausgeflogen. Sie waren keine populären Bücher, die von vielen gelesen wurden, und doch hatten sie uns viel Schönes und auch etwas Neues, Besonderes in das Leben gegeben. Die lieben Freundschaftsbriefe erschienen mir wie ein Lohn, den ich gar nicht gewollt oder verdient hatte. Wohl hatte ich den Freunden zuliebe, aber schließlich auch zur eigenen Entlastung geschrieben, und so war es auch mit den zuweilen hineingegebenen etwas kunstfernen Gedanken, die bei manchen Freude erregten und vereinzelt auch Widerspruch.

Nur wenige all der Briefe habe ich beantworten könne, bei manchen allerdings mußte ich es tun und tat es gern.

Einige wenige hatte ich hier wiedergeben wollen. Briefe sind, wie Skizzen des Malers, ein spontanes Wollen wiedergebend, und oft seltsam reizvoll, gleich den auf den Lippen geborenen Gedanken.

Ich kann sie nicht wiedergeben, sie sind im Kriegsgeschehen dem Feuertod verfallen und auch meine Erwiderung auf einen langen eingehenden Gelehrtenbrief, der mich so armselig unwissend machte. – Zwei Abschriften zweier kleiner Briefe vom Maler Jawlensky sind erhalten. Es spricht die Seele Rußlands aus diesen und auch heißes, pulsierendes Künstlerblut.

18. Nov. 34

Es war noch frühmorgens, als der Postbote mir das Paket mit Ihrem Buch brachte. Sofort sind meine Gedanken und Gefühle zu Ihnen geflogen mit innigster Liebe. Ich habe Ihre Grüße und Wünsche mit Dankbarkeit gelesen, bewunderte Ihr von Ihnen beiden so schönes und so inniges Foto und habe sofort angefangen zu lesen. Aber schon nach einigen Seiten war ich so von dem Inhalt gerührt, daß ich kaum die Tränen halten konnte. Ich las weiter und weiter, und meine Seele ging hinter Euer Leben. Ich bin überzeugt, daß jeder, der dies Buch gelesen hat, muß Sie beide innigst lieben, wenn er nur ein Mensch ist. Es ist wunderbar. Und ich umarme Sie beide von ganzem Herzen, bewundere Sie und liebe Sie – – –

22. Nov. 34

Ach, Nolde, Nolde, lieber, großer Nolde! Ich habe Ihr Buch durchgelesen. Bin ganz erschüttert. Es ist göttlich und so tragisch. Ihre starke Sprache ist auch wunderbar. Ein großes Erlebnis für mich!

Lieber, daß ich Ihnen meine kleine Arbeit geschickt habe, war eine spontane Handlung: als ich Ihr Buch angefangen zu lesen, war ich so gerührt, daß ich Ihnen etwas von meiner Seele schicken wollte, und das war meine Arbeit. Jetzt muß ich mich schämen, daß ich so eine Kleinigkeit so einem großen Menschen und Künstler gegeben habe. Nehmen Sie es mir nicht übel.

Ich umarme Sie von ganzem Herzen und küsse die Hände Ihrer lieben Frau Ada mit innigster, innigster Verehrung.

Ihr A. V. Jawlensky.

Seiner gedenkend seien sie wiedergegeben. Mir waren sie herzlich lieb und auch etwas fremd, aber ich wußte, daß er nicht schmeicheln wollte. Es war uns ein besonderes Glück, daß wir ihm dem leidenden, gefaßt und geduldig leidenden Menschen, eine Freude bereiten konnten. Einige Jahre noch währte unsere Freundschaft, und dann kam sein Tod. Wir hatten uns im Leben gar nicht viel gesehen, aber immer wenn es war, war es herzlich und schön.

Düsseldorf, 25. 10. 31

Lieber Herr Emil Nolde!

Etwas vom Ersten und sicher auf lange Zeit das Schönste, was ich in meinen nun werdenden Düsseldorfer Arbeitsraum einstellte, war Ihr Buch.

Ein Buch von Nolde – Sie wundern sich ja in diesem Buch an einer Stelle selber über das Zustandekommen – wie seltsam!

Aber wenn man es dann kennt, so weiß man Bescheid, daß es nur dieser Art sein konnte, und man liebt es von Anfang bis zum Schluß, der kein richtiger Schluß sein kann, aber doch so richtig gewählt ist.

Ich danke Ihnen, daß dieses Buch geworden ist, und besonders herzlich danke ich Ihnen, daß Sie mir als besten Gruß eines in mein zweites Heim gesandt haben.

Herzlichst Ihnen und Ihrer
lieben Frau
Ihr

Klee

Berlin-Charlottenburg, Fraunhoferstr. 27
15. Oktober 1931

Lieber Herr Nolde!

Über Ihr Buch werde ich Ihnen noch schreiben, wenn ich es gelesen habe. Heute nur vielen herzlichen Dank, daß Sie mich noch nicht vergessen haben. Es war mir das eine große Freude, da auch ich denke gern an das stille Ehepaar mit der jungen Dogge und an unseren Kampf gegen die Tyrannei Liebermanns.

Hoffentlich einmal auf Wiedersehen!

Ihnen beiden herzliche Grüße und nochmals vielen Dank

Ihr Leo König

Gut Woltersdorf, den 19. Oktober 1931

Lieber Herr Nolde!

Hier in der Ruhe des Landlebens bei meinen alten Eltern, die im vorigen Jahr ihre diamantene Hochzeit gefeiert haben, las ich mit großem Interesse und warmer Anteilnahme Ihr Buch. Ich finde darin die Stimmung, die mir unsere erste Begegnung wachruft. Es war auf einem Essen zur Feier der Eröffnung der Secession im Palace-Hotel am Potsdamer Platz. Sie saßen den ganzen Abend mit Ihrer Braut oder jungen Frau Hand in Hand. Diese Haltung in dieser Berliner Gesellschaft traf mich tief. Ich fand darin etwas innerlich Verwandtes, etwas, das mir in Berlin verloren gegangen war. Jedoch hatte ich selber nie diesen Bekennermut gehabt, aus Furcht, lächerlich zu erscheinen, und wahrscheinlich wäre es bei mir auch lächerlich gewesen.

Sie sagen in dem Buch auch schöne Dinge über die Kunst, und es erfüllt mich mit Freude, daß diese große Liebe nun auch durch äußeren Erfolg ihre Belohnung gefunden hat. Ich selber habe Schönes und Trauriges erlebt, wie es das Leben halt bringt. Der größte Schmerz war mir der Tod meiner ersten Frau, die durch viel Leid zu einer wunderbaren Reife gekommen war. Wundern Sie sich nicht, wenn ich eines Tages an Ihrer Tür klingle.

Ihnen und Ihrer mutigen Frau weiter alles Gute wünschend stets Ihr getreuer

Leo König

Mit dem Maler E. L. Kirchner hatte ich, nachdem ich ihn während 20 Jahren nicht mehr gesehen hatte, einige Briefe gewechselt. Er schrieb an mich und ich antwortete. Leider konnte ich nicht schreiben wie ich wollte, wenn eine Erregung vermieden werden sollte. Sein empfindsames Wesen gestattete es nicht.

Einige Jahre danach kam die Nachricht von seinem tragischen Tod, unser aller Herzen bewegend. Wie weit die „entartete" Aktion ihn erreichte, ich weiß es nicht, jedenfalls wird er die Geschehnisse stark miterlebt haben, und vielleicht war der selbst vollführte Tod eine Folge. – Es ging ihm wirtschaftlich nicht gut. Von meinem Freund Hans Fehr, den Kirchners Schicksal ganz tief ergriff, kamen rührende, klärende Briefe. Er schrieb am 26. 6. 38:

„Der zermürbte Mann hat sich arg gequält. Welch ein Lebensweg. Ich habe ihn gern gehabt. Er stellte, wie Du, die Kunst über alles. Ihr allein galt sein Leben. Und das ist immer eine große Sache, die man verehrt. Im Verkehr war er schwierig, wie Du ja weißt."

4. 7. 38

„Kirchner ging einem inneren und äußeren Zerfall entgegen, wie man mir eben erzählt. Sein Gesicht war fahl und zerrissen. Seine Auflösungselemente, die sich leise auch in seiner Kunst andeuten, drängten sich immer mächtiger hervor. Ein Zusammenbruch erschien unvermeidlich. Nun besuchte ihn ein Freund aus Bern und erklärte vor etwa vier Wochen, Kirchner müsse aus seiner Einsamkeit heraus. Es solle nach Bern oder Umgebung ziehen. Alle Freunde und Bekannten würden am neuen Aufbau mithelfen. Das lehnte er ab. Er sprach von einer Entwurzelung, wenn man ihn aus seinen geliebten Bergen herausreiße. Und nun kam der tragische Knoten: Die Einsamkeit verzehrte ihn, und ein neues Leben in Bern wollte er nicht beginnen. Zu allem war die Basler Ausstellung ein Mißerfolg, da er nicht **ein** Stück und nicht **ein** Blatt verkaufte. Auch eine verständnislose Kritik erschien. So beschloß er, in den Tod zu gehen.

Er überredete seine Frau, sich mit ihm auf die Schienen zu legen. Doch ihr Lebenswille war stärker. Daraufhin machte er den Vorschlag, das Haus mit allem, was darinnen war, zu verbrennen und mit ihr inmitten der brennenden Bilder den Tod zu finden. Doch auch dazu konnte sie sich nicht entschließen. Nun holte er einen Revolver und begann, seine Bilder zu durchschießen. Eine wilde Begeisterung hatte ihn erfaßt. Dann nahm er ein Messer und schnitt überall seinen Namen heraus. Die gute Frau ertrug das Furchtbare nicht länger. Sie eilte aus dem Hause zu dem Bekannten, der jenseits der Wiese wohnte, Kirchner ihr nach mit dem Revolver. Als er sah, daß er sie nicht ereilen konnte, schoß er sich mitten auf der Wiese eine Kugel durch den Kopf.

Wie gräßlich ist das alles! – Aber Du, lieber Freund, sollst es wissen."

Als einige Wochen nach dem Tode Kirchners in Davos in drei Räumen eine Ausstellung seiner Bilder, Plastiken und Graphik gemacht wurde, reiste mein Freund nach dort, und er schrieb:

30. 7. 38

„Es ist merkwürdig, die allerletzten Bilder sind klarer und straffer aufgebaut als die früheren. Die Bäume und Häuser stehen; sie wackeln nicht und fallen nicht um. Deutet das auf Aufklärung, auf Vollendung? Erreichte er eine letzte Größe, um dann zu scheitern? – – Viele hundert Blätter übergab er am Tage vor seinem Tod den Flammen, und dann griff er zu einer Axt und zerschlug seine Plastiken unter Heulen und Jauchzen." – – –

Mein Freund sprach lange mit Kirchners Arzt und Freund, Dr. Bauer, der sagte: „Kirchner war nicht zu retten. Man sah den Tod in seinen Augen."

Mit Kirchners Tod reiht sich ein Künstlerschicksal in seiner ganzen Tragik zu manchen früheren. – Erfüllte sich mit seinem Tod ein vorausbestimmtes Schicksal? Wenn ein großer Gott uns kleine Menschen liebt und leitet, dann kann er mit kleinstem Finger ein Schicksal ändern wie er will.

Mit dem Malerfreund Paul Klee wechselte ich wenig Briefe. Wir besuchten einander. Ich ihn zuletzt in Bern, als er, in Düsseldorf verfolgt, nach dort verzogen war. Er war leidend. Die Krankheit hatte seinen Zügen eine seltsam feine Geistigkeit gegeben. Ich saß und sah ihn an, seine runden, dunklen Augen und die schöne leise Melancholie, die um seinen Mund spielte. Wir waren sehr verschieden, aber auch seine absolute Anerkennung meiner Kunst, wo er selbst ganz anders malte, war sehr schön. Ich mochte ihn gern. In seiner Kunst hat er inzwischen die halbe jugendliche Malerwelt als Nachahmer erhalten, und ich habe keine, fast keine. Wie kann das sein? Es kann schon sein.

Einige Monate später nach meinem Besuch kam schon, uns sehr tief bewegend, die Nachricht von seinem frühen Tod.

Während dieser jüngst vergangenen, künstlerisch schweigenden Zeit, die uns Malern beschieden war, war es mir bisweilen, als ob ich von der Muse und allem Guten verlassen sei, und dann doch wieder kamen Zeichen oder Briefe, Tragik bringend oder Glück.

Das bei dem Bombenbrand aus unserer Wohnung in Berlin gerettete kleine Briefpaket enthielt meine ersten, an meine junge, liebe Freundin Ada geschriebenen Briefe. Wir hatten sie nach Seebüll übersandt erhalten. Beide öffneten wir behutsam die an Ecken und Kanten schwarz angekohlten Briefchen und lasen eins, zwei, es waren ganz kleine Briefe, drei und vier, dies ist einiges aus dem fünften:

Ende Juli 1901

„Jetzt wohne ich in Lildstrand. Ich habe das Glück, Einsamkeit zu finden; es wohnt kein fremder Mensch im Umkreis mehrerer Meilen. Es war nicht grade meine Absicht, daß ich so ganz allein wohnen wollte, aber es fand sich so und ich tröstete mich an meinem Nachbarn dem Felsen bei Bulbjerg, Skareklidt, der auch so ganz alleine dasteht, er steht ja alleine manch hundert Jahr. Die wilden Wellen laufen dauernd ihre Nasen gegen seinen Körper an, aber dauernd steht er fest, und blutend weichen sie zurück.

Jüngling und Mädchen, 1918, Holzschnitt

Lildstrand ist ein kleines nettes Dorf. Wir sind zehn Häuser und zehn Familien. Jeder Mann hat seine Frau und viele, viele Kinder. Unser Dorf besitzt nur eine Kuh, aber viele Schafe und viele Hühner, auch haben wir einige Schweine, aber die stehen eingesperrt. Die erste Kuh, welche hier lebte, ist tot, sie war ein liebes Tier, ihr Schädel mit Hörnern und Zähnen ist festgenagelt über dem Scheuneneingang zur ewigen Erinnerung.

Ich habe heute zu Mittag gegessen drei kleine Stückchen Speck, gebraten im eigenen Fett und zwölf Kartoffeln, zum zweiten Gang Blaubeergrütze mit Milch von unserer Kuh. Die Heide, welche sich längs den Dünen hinbreitet, ist reich an Früchten: Blaubeeren und Schwarzbeeren, aber auch wilde Tiere leben dort, namentlich viele Kreuzottern.

Ich male und bade und trabe durch die Dünen oder längs dem Strand. Tausende Möwen umschweben mich, sie fliegen wild kreischend gegen mich hinunter, gewiß sehen sie, daß ich fremd bin und glauben, ich sei ein Ungeheuer oder ein sehr schlechter Mensch. Ich bin nichts von beidem.

Das Meer rast, große Wellen wälzen sich gegen den Strand, weißer Schaum treibt das Ufer hinan und gleitet wieder zurück. Jetzt regnet es, es klatscht gegen die Scheiben, und lange Tropfen rieseln an ihnen hinunter. Der Wind macht Musik, er spielt wie an Harfen, aber gräßlich langweilig.

So auch male ich, kein gewöhnlicher, wohlbekleideter Mensch wird sich freuen können an diesen Bildern.

Vielleicht kann die Einsamkeit für den Maler von einigem Nutzen sein, aber sie wirkt hart und kann schwer ertragen sein. Ich schreibe Ihnen viel, ich bitte zu entschuldigen."

Wir lasen weiter –

7. August 1901

„Sie glauben, ich habe es schön hier, ja liebe  es ist schön hier, die Natur ist eigentümlich, aber es ist zu schön für mich einsamen Menschen zu genießen ganz allein. All die innere und äußere Lebensfülle, mit wem soll ich teilen? Die Blume ist so sehr selten, die sich lauschend mir nähert. –

Paar (roter Lockenkopf), Aquarell 1938/45

Nächtliche Gestalten, Aquarell 1938/45

Drei Veteranen, Aquarell 1938/45

Meer mit gelber Sonne, Aquarell 1938/45

Ein wilder Mann längs den Strand trabt, das Wasser überspült seinen Fuß, er freut sich, Regen und Gischt peitschen ihm ins Gesicht, er nimmt seinen Hut in die Hand. Der Wind heult, die Wellen rasen, er schreit Gesang dazu, eine furchtbare Harmonie, so wundersam, daß selbst in der Heide drüben Gewürm und Kreuzotter ihre Hälse über das Heidekraut emporrecken, um zu hören.

Er stand auf Bulbjergs Höhe, und der Wind glitt hin über den entblößten Kopf, jetzt trabt er heim, quer durch die Dünen. Das kleine liebe Dorf liegt schlafen, still, kein Licht mehr glimmt durch die kleinen Scheiben. – Der wilde Mann, nun sitzt er bei dem gelben Lampenlicht, er ist so gar still und blaß, – er ist wahrscheinlich müde.

Ich stand malend zwei kleine Häuser, die im Abendtrüb lagen, friedlich hinter den Dünen. Es begann zu wehen, die Wolken wurden wild und dunkel, es wurde Sturm und der graue Sand wirbelte hoch hin über die Dünen und die kleinen Häuschen. Ein rasender Sturm, – da plötzlich trieb ein machtvoller Pinsel sein Blech durch das Leinen – – der Maler bemerkte sich, er sah sich um, es war immer noch die ruhige schöne Abendstunde, nur er war so hingerissen rasend geworden und hatte sich hineingelebt in diesen Sturm. Das Bild war dahin. Liebes Fräulein, so geht es mir. Aber auch habe ich meine ruhigen Stunden, diese tiefe Ruhe, entrückt dem Weltlichen, währenddessen aber andere wohlgebildete Menschen mich als leblos und tot betrachten und keines Interesses wert."

Wir lasen weiter –

20. August 1901

„Vier böse Straßenjungens von einem anderen Dorf waren letzten Sonntag hier, sie haben den Kuhschädel von der Scheune herabgerissen, nun liegt er und beißt ins Heidekraut. Es war eine kurze Ewigkeit. Ich war ganz traurig, als ich diese Tatsache entdeckte. –

Es ist eigentümlich und sehr schön hier. Jeder Tag bringt neue große, verschiedenartige Schönheiten, ich sehe dauernd mehr und kann fast nicht fassen und genießen dies alles, diese große Schönheit. Aber einsam bin ich und denke viel und lebe mich hinein in Möglichkeiten, die nicht möglich sind. Aber lasse mich es genießen. Ich bin wie ein einsames Kind, das am Strande sitzt und sich baut ein Schloß aus Kies und Sand mit einem großen Garten dazu, mit blühendem Seegras darin. Und dann denke ich, vielleicht kommt eine große Welle und nimmt mich mit, mit meinem ganzen goldigen Spielzeug, dann bleibe ich ein Kind, das spielt in alle Ewigkeit. –"

Wir legten das Päckchen Briefe beiseite, und wir legten unsere Hände, die eine in die andere. Wir waren weit, weit entfernt von der Gegenwart, von allem und vom Krieg, mit dessen Verlust den geächteten deutschen Künstlern die entsetzlich teuer erkaufte Freiheit der Kunst zurückgegeben werden sollte.

Befreiung

Die Krankheit meiner geliebten Frau war sehr ernst, sie aber, obwohl sie es wußte, war immer, fast immer heiter und sonnig.

Während Wochen lag sie im Krankenhaus in Flensburg. Es wollte nicht besser werden. Dann eine Einladung befolgend, reisten wir nach St.Peter, einem kleinen Kurort an der Südwestecke Eiderstedts.

Hier ging ihr Befinden von Tag zu Tag bergan. Mögen die Luftveränderung oder der beginnende Frühling es bewirkt haben. Sie ging wieder mit mir zum Malen zwischen den vielen Kindern, ganz so wie vor Jahren sie immer gern mich begleitete, wenn es zu den Fischen und Schildkröten im Aquarium ging oder zu den blühenden Orchideen im Botanischen Garten. Ja, es ging ihr hier so gut, daß wir täglich in den Dünen gehen und liegen konnten, und an einem Sonntag gingen wir zwei stundenlang längs Fußwegen, durch grünende Felder und ganz um St.Peter herum. Solches hatte ihr krankes Herz seit vielen Jahren nicht mehr leisten können! Wir jubelten, wie die Lerchen in den Lüften es tun.

Auch war ihr Miterleben in der Freude, als mir die verschnürten Hände freigegeben wurden, sehr groß.

Ich hatte bereits im ersten Sommer danach recht glücklich gemalt und konnte noch malen! Man wußte es selbst kaum mehr, ob es noch möglich sei. Die Bilder „Zwei Menschen", „Der Schutzengel", „In schweren Stunden" und einige weitere waren entstanden. Im folgenden Sommer ging es noch besser. Es war mir wie aufgespeicherte, innigste Empfindungen, die sich zu lösen vermochten. Ich malte vorerst ein paar Gartenbilder mit rotglühendem, großem Mohn, um mich an die Farben zu gewöhnen. Nachher entstanden die „Harmonie der Weisheit", „Musik", „Leidvolles Glück", „Vater, Mutter, Sohn", „Fischer und

Töchterchen", „Fremde Menschen" und „Freundinnen". – Die Farben flossen, in Akkorden sich gebend. Für die bisweilen recht seltsamen Gestaltungen haben wir uns bemüht, annähernd richtige Bezeichnungen zu finden. Es war bisweilen recht schwer.

Wenn ich in dieser konzentrierten Zeit des Malens oft recht abwesend war, mit dem Leinen in der Werkstatt sinnend, hantierend, dann wurde im Vorderraum an dem kleinen Flügel gespielt, geübt und gesungen, Schuberts schönste Lieder und auch Lieder von Richard Strauß. „Es macht mir wirklich sehr viel Freude", sagte lieb meine Ada, und auch ich freute mich, wenn abends ich hörend dabeisaß.

Schlimm war es nur manchmal mit den vielen, oft so wohlgemeinten Besuchen. Sie wußten es gewiß nicht, wie gern und wie sehr der Maler vollste Sammlung für sein Schaffen haben muß, wenn es etwas Gutes werden solle.

Nur die kleinen jüngsten Freunde von Seebüllhof, Annegret und Claus, Gerta und Nis-Adolph durften gern kommen, uns und besonders meine Ada mit ihrer kindlich-fröhlich-jubelnden, ländlichen Anmut erfreuend.

Wir wollten auch immer gern die Besuche der inzwischen erwachsenen Kinder unserer alten früheren Freunde, ihre jungen Interessen waren uns lieb.

Über den Kunsthandel hinweg hatten Bernhard Sprengel und seine feinsinnige Gattin den Weg zu uns gefunden, und in Flensburg sammelte sich ein Kreis verstehender, uns in manchen Schwierigkeiten helfender Menschen.

Wohltuend und besonders erfreuend war ein Besuch der Herren der Schleswig-Holsteinischen Landesregierung, zur Befreiung von der langjährigen Ächtung dem Maler die Professur bringend. Sechs Jahrzehnte vorher hatte ich meinem Vater an seinem Sterbebett gesagt, daß ich vielleicht einmal Professor werden würde, dies war nun erfolgt und meine jugendliche Vermutung eingelöst . . .

Der Tag nachher, der 79. Geburtstag, war ein freudiges Fest mit den vielen Gästen, die gekommen waren, und meine Ada war so glücklich und festlich lieb mit allen und mit ihrem Maler.

Irene, ihre besondere Freundin war gekommen mit ihrem Pianisten Erdmann, der mit wunderbarem Spiel die Räume füllte und die Gäste besonders erfreute.

Mäuz, die andere liebste Freundin meiner Ada, war nicht gekommen, aber Briefe waren viele hin- und hergeflogen. Es währte die Freundschaft dieser beiden schönen Menschen zu meiner geliebten Frau viele Jahrzehnte. Ihre vielen fernmündlichen Gespräche und die herzlichst warmen Briefe waren mit ihrer Schönheit immer auch meine Freude.

Die Befreiung der Augen und Hände ließen den ganzen Menschen in neuer Geistigkeit aufatmen und in vermehrtem Schaffen.

Auch in stillen Stunden schaute ich überlegend zurück zum Gewesenen und zum Seienden.

Mit Begabung gesegnet, von innerem Rausch und Leidenschaften durchglüht und gehetzt, bin ich tastend, stolpernd, vorwärts schreitend meinen Weg gegangen.

Im zweiten Teil des Lebens stand neben mir meine geliebte und schöne Gefährtin, meine Ada. Sie war licht und lieb und fürsorglich klug, sie ließ mich die edlen, weiblich feineren Seiten des Lebens erkennen, im zarten und höchsten Musikalischen schwingend. Dabei war sie frisch und tapfer, mit mir gehend in den Gefahren der Tropen, den Stürmen der Weltmeere und immer helfend durch alle zeitlichen Wirrnisse und Irrungen hindurch, soweit ihre Kräfte und ihre zarte Gesundheit es ermöglichten. Es waren uns höchste glückliche Jahre beschieden, aber auch schwere Zeiten, so daß ich es kaum begreifen kann, wie wir hindurchgekommen sind.

Schreibend erzählend bin ich nun in meinen Büchern durch das Leben gegangen. Manches, das mir sicherlich vergessen wäre, habe ich fast wieder noch einmal erlebt.

Die mir von Geschlechtern unverbraucht übergebene Kraft habe ich in Erkenntnis und Einfachheit versucht, sich auswirken zu lassen.

Ada

Meine vielgeliebte Ada ging vor mir durch das Tor zur Ewigkeit hinein; dahin, wo ich ihr nicht folgen konnte, da ich noch an die irdische Hülle gebunden bin. Ich blieb allein zurück in unsagbarem Sehnen nach ihr und unserem Beisammensein. Auch leider war ich nicht zugegen, als plötzlich ihr edles Herz still stand und ihre Seele dem Irdischen entwichen war.

In später Stunde kam sie vom Krankenhaus nach Hause gefahren, und in zärtlichem Schmuck standen die letzten Herbstblumen bei ihr und vor ihr, sie umkreisend, meine glücklichsten Bilder. Sie lag so lieb, so schön, so weiß und engelsgleich. Ich ging zu ihr und ging und kam wieder. Ich sprach mit ihr, ich rief und rief, liebe liebste Ada, ich streichelte ihr schönes silberblondes Haar und weinte bitterlich. Ihre sonst für jede leiseste Liebe und Regung empfänglichen Züge blieben ganz still. Wir waren allein, wie immer so gern, und jetzt – wir waren getrennt.

Sie war bei allem ihrem Leid bis zur letzten Stunde lebensvoll und fast übermütig, erzählte ihre Ärztin, die bei ihr weilte und ihre Freundin geworden war. Ihr Gemüt war in unserem schweren Leben fast immer glücklich hell und sonnig lieb, aber doch auch hatte sie schwere dunkle Stunden. Für mich als Künstler war ihre Melancholie bisweilen sehr erregend, für mich als Mensch und Geliebter entsetzlich traurig schwer. Ich auch war sicherlich gar nicht immer, wie ich sein sollte und war oft schweigend fern von ihr. Meine Fehler waren größer als ihre, ihre Tugenden schöner als meine. Aber meistens doch, wenn es schwer ihr war, vermochte ich ihr tröstend zu helfen, so wie sie stets auch mir unendlich hilfreich war. Wenn ich sie, wie auch mich selbst, nicht oft gemalt habe, so doch lebt ihr feiner Sinn und ihr Wesen mit mir in allen meinen Bildern.

Entsetzlich traurig war es, wenn in den Nächten weinend verzagend sie klagte: „Ich kann einfach nicht mehr!", das schwache, pochende Herz versagte, und der ganze Ansturm des vielen um uns, das sich steigernd mehrte, das Böse und das Gute, es schien ihr unüberwindlich. Auch mir war es so. Ich aber dennoch sprach mit ihr tröstend viel und lange, bis schließlich sie ruhiger wurde und zu schlafen vermochte, während ich noch lange nachher, vor dem Schwersten bangend, wachte.

In allem Tun war es uns eine große, liebe Hilfe, als unser junger Freund von Lepel zu uns kam und meine Ada in rührendster Weise hegte und pflegte und auch mit ihr sang und spielte, das ihr eine besondere Freude war. Ihr kleiner Flügel, den sie so liebte, steht seitdem traurig still, verwaist und schweigend.

Als sie während letzter Zeit von einem Bekannten hörte, daß dessen Herzleiden überwunden sei, schöpfte sie noch einmal Hoffnung, bei uns bleiben zu können, bis dann dennoch plötzlich fast wie eine Ohnmacht milde ihre Seele entwichen war.

Ich glaubte immer zu wissen, daß das irdische Leben nach ihrem Tode mir erspart bleiben werde, war doch ich der wesentlich Ältere. Es sollte nicht sein. Ich mußte auch diesen zu allem vorangegangenen Schmerz erleiden, wie auch unser beider Unglück des Lebens, daß keine leibliche Frucht uns reifte, in bitterstem Ernst uns quälte.

In allem bisher Schwersten sagte mir stets eine innere Stimme, daß es um meiner Kunst willen geschehe, nun aber in meinem Alter, soll ich dies auch noch hinnehmen?

Mir ist, mit meiner geliebten Gefährtin des Lebens, mein schönstes Lebensglück entschwunden. Mein Gemüt ist von Trauer umflort, ich stehe und gehe, in unsagbarer tiefer Wehmut befangen, mit bebender Stimme unter Tränen.

Nachwort

Nolde begann mit der Niederschrift dieses vierten Bandes seiner Selbstbiographie im Jahre 1936. Während er in den folgenden Jahren mit Unterbrechungen daran weiterarbeitete, entstanden gleichzeitig auf kleinen Zetteln tagebuchartige Notizen, die vom 6. 2. 1940 bis zum 6. 2. 1948 reichen. Einen Teil dieser Notizen nahm Nolde mit geringen Veränderungen in die letzten Kapitel dieses Bandes auf. Daraus geht hervor, daß Band IV seiner Lebensbeschreibung etwa 1948 abgeschlossen wurde.

Das Manuskript ist teils mit der Schreibmaschine, teils mit der Hand geschrieben und umfaßt 178 Seiten. Es wurde mehrfach von Nolde überarbeitet und verändert. Ein handgeschriebenes Titelblatt, Vorwort und Inhaltsverzeichnis lassen darauf schließen, daß Nolde das Buch als abgeschlossen betrachtete. Nach einem ersten Plan sollte der Band den Zeitraum von 1921 bis 1946 umfassen. Später hat Nolde die beiden Kapitel „Utenwarf" und „Hallig Hooge", die zunächst den Schluß des vorhergehenden Bandes bilden sollten, dort herausgenommen und an den Anfang dieses Buches gestellt. Damit schließt sich der Kreis zwischen den Berichten über die 1919 entstandenen Aquarelle von Hallig Hooge und die „Ungemalten Bilder" von 1939 bis 1945.

Diese zum 100. Geburtstag Emil Noldes vorgelegte erste Ausgabe gibt den Text des Manuskriptes unverändert wieder, lediglich Schreibfehler wurden richtig gestellt, einige unklare Stellen wurden fortgelassen. Die im Kapitel „Junge Soldatenfreunde" abgedruckten Briefe von Kurt Kaiser, Dieter Keller und Dieter Hohly wurden vom Herausgeber aus einem umfangreichen Bündel von Soldatenbriefen ausgewählt. In seinem Manuskript nennt Nolde lediglich die drei Namen. Auch zwei Briefe von Leo von König (Seite 163 und 164) und einer von Paul Klee (Seite 163) wurden eingefügt. Nolde glaubte, sie wären beim Brand seiner Berliner Wohnung verloren gegangen, doch sie fanden sich zusammen mit den zitierten Briefen von Jawlensky in Seebüll. Die Auswahl der Abbildungen ist im Gegensatz zu den drei vorhergehenden Bänden nicht von Nolde selbst festgelegt.

Der Band „Reisen, Ächtung, Befreiung" bildet den Abschluß der Lebenserinnerungen. Nolde plante noch einen fünften Band, in welchem die oben erwähnten tagebuchartigen Notizen als „Worte am Rande" zusammen mit einer Auswahl seiner „Ungemalten Bilder" veröffentlicht werden sollten. Das Manuskript blieb unvollendet. Einen Teil der Aphorismen hat Werner Haftmann seinem Buch über die „Ungemalten Bilder" beigegeben, das somit als Ergänzung der vier selbstbiographischen Bücher Emil Noldes gelten kann.

Martin Urban

Abbildungsverzeichnis

Das Gemälde „Meer E" (Seite 95) befindet sich in einer Privatsammlung in Rio de Janeiro/Paris. Der Verbleib des Aquarells „Halligkinder" (Seite 17 unten) ist unbekannt. Alle übrigen Arbeiten sind Eigentum der Stiftung Seebüll Ada und Emil Nolde.

Index

Personenverzeichnis

Ortsverzeichnis